全米消費者調査で見えた!

信頼を勝ち取る言葉

THE LANGUAGE of TRUST
Selling Ideas in a World of Skeptics

マイケル・マスランスキー［著］
スコット・ウェスト／ゲイリー・デモス／デイビッド・セイラー［共著］
インベスコ・コミュニケーション・アカデミー［訳・監修］

THE LANGUAGE of TRUST
Selling Ideas in a World of Skeptics
by Michael Maslansky with Scott West,Gary DeMoss,and David Saylor

This edition published by arrangement with Prentice Hall Press, a member of Penguin Group(USA)LLC, a Penguin Random House Company
through Tuttle-Mori Agency,Inc.,Tokyo

日本語版刊行にあたって

本書をお手に取っていただき、ありがとうございます。

本書の原文である「THE LANGUAGE of TRUST」（２０１０年発行、米国）は、ビジネスや日常生活で日々繰り返される、さまざまなコミュニケーションにおける「言葉の使い方」に着目した画期的な書籍です。世界で最もコミュニケーションの取り方についてのノウハウを持つ米国においてさえ、メディアや企業あるいは営業マンが発するメッセージや情報に不信感が抱かれる時代に、それを克服し、信頼を勝ち取ろうとする人たちに向けて出版されました。現代社会におけるストレスの大半は人間関係であり、その関係をつかさどる要素の大半は、人と人との間のコミュニケーションであるといっても過言ではありません。ビジネスを円滑に行うのも、交友関係を広げるのも失うのも、あなたがさまざまな局面でどのような「言葉」を発するか次第なのです。皆様も思い当たる経験が少なからずあるのではないでしょうか。

本書においては、「何を言い、どのように表現するか、そしてなぜそれが大切なのか」という言葉の重要性と有効な活用方法を、わかりやすく整理してあります。

原書の著者であるマイケル・マスランスキー（Michael Maslansky）は、アメリカ経済界における屈指のコミュニケーションおよびリサーチの専門家です。彼は、マスランスキー＋パートナーズ（Maslansky+Partners）のＣＥＯとして、また、大手企業、業界団体、非営利団体などのコンサルタントとして、言葉の持つ力の分析と使い方の提言を長年続けてきました。本書の内容は、彼が全米の消費者に対して行ってきた、およそ何千時間にものぼる調査分析の結果に基づいています。

また、共著者として、世界最大級の資産運用会社インベスコ・リミテッドのコンサルティング・チームに属し、金融機関で働く営業マンや資産運用アドバイザー向けに顧客対応や人間関係構築に関する研修プログラムなどを提供している、スコット・ウェスト（Scott West）、ゲイリー・デモス（Gary DeMoss）、デイビッド・セイラー（David Saylor）が参加することで、特に金融機関で営業をされている皆様にはより実践的な内容となっております。

本書は、企業経営者や広報担当者、商品やアイデアをアピールしたい営業マンやマーケティング担当者、あるいは自分自身を売り込み理解してもらう必要のある就職・転職活動中の方々、そして上司・部下の関係や夫婦関係で悩んでいる人など、コミュニケーションにおいて相手の関心を引き、信頼を勝ち取りたいと思っているすべての人に向けて書かれた本です。

昨今、米国に限らず世界中の人々は、企業やメディアが発信する「情報」に対して不信感を抱いています。コミュニケーション大国である米国発の本書は、そのような「不信に満ちた人々」に対する有効な情報発信の糸口を与えることができるものと確信しております。

ストレスと不信に満ちたこの世界を、円滑なコミュニケーションをもって乗り切る。相手の心の扉を開かせ、どのように自分が伝えたいことを伝え、信頼を勝ち取れるのか、その解がここにあるのです。

是非、何度も読み返してみてください。繰り返し読むことでスキルが自然とあなたの身に付いていくことでしょう。

インベスコ・コミュニケーション・アカデミー　一同

Contents

謝辞

まず本書の構想と制作に貢献したゲイリー、スコット、デイヴ、そして同僚のリー・カーターに感謝したい。「言葉の新しい順序」への道を歩み出し、その旅が本書に結実したのは彼らのおかげである。

説明の表記の仕方や問題の明確化の過程で、知恵を絞り尽力してくれたマイク・ファイファーとジェニファー・ギルバートにも感謝する。彼らの貢献無くしては本書の完成はなかっただろう。一緒に働けたことを誇りに思っている。

マスランスキー・ランツ&パートナーズ（現マスランスキー＋パートナーズ）のチームには多くの貴重な助言をいただいた。本書を世に出すための裏方作業を一手に引き受けてくれたチームメンバーの献身は、楽しいときも、そして苦しいときも、このプロジェクトを後押ししてくれた。

刺激的な難問の解決や、高いパフォーマンスを要求し、私がこの仕事を続ける力を与えてくれた最高の顧客に（最高でない顧客にも）御礼をしなければならない。多様な課題、ブランド、製品に日々取り組めたからこそ、私は仕事に飽きることがなかった。

フランク・ランツには多くのことを学び、激励の言葉をいただいた。彼のおかげで私は言葉の世界と出合い、その真の力を知ることができた。

出版と広報では、編集者のジョン・ダフとマリア・ガグリアーノ、著作権代理人のダイアナ・フィンチ、そしてプレンティスホール出版とペンギン社の担当チームに感謝したい。

加えて、スージー、モーガン、マックスにはアイデアの着想やモチベーションの面でお世話になった。怒らず優しく見守ってくれた彼らに、私は心からの愛情と感謝をささげたい。

プロローグ

不信に満ちた世界へようこそ

prologue

不信に満ちた世界へようこそ

目を閉じて、想像してみよう。誰もがあなたのことを信じる世界を。何か悪いことが起きたとしても、その場へ行って説明をすれば、皆があなたのことを信じてくれる世界を。この世界では、宣伝担当者や、危機管理担当者を雇う必要はない。あなたが何か商品を売ろうとしても、誰もあなたの営業トークに反論などしないし、あなたの商品について批評する人もいない。疑わしきは罰せずの原則が守られ、人々はあなたの話を真実だと勝手に好意的に受け取ってくれる。不信に満ちた人など、一人もいない世界を想像してみよう。

さて、ここで目を覚まそう。

人々が不信感を抱かず、信頼だけしか存在しない世界のことを想像するのは楽しいだろう。しかし、そんな空想をしても何の役にも立たない。世の中で働いている営業マンたちは、毎朝仕事に向かうときに、こう考えているであろう。私たちの顧客の半分は私たちの言うことを信じてくれず、残り半分の人々は私たちの言うことを聞いてさえもくれない、と。扱っている商品は違っていたとしても、どの営業マンも大抵同じことを感じているはずだ。善意で行っていることに対しても、疑いの目を向けられる。良い商品を勧めていても、どこかに欠陥があるのではないかと疑われる。前向きな話をすれば、何かを隠蔽しているのではないかと疑われてしまう。大企業で働いているだけで、顧客を犠牲にして利益を得ているに違いないと捉えられてしまう。まさに、疑わしきは罰せずの正反対である。今、かつてないほど、世の中の不信感は高まっているのだ。

一言で言うと、信頼の時代は終わったのだ。

大げさな物言いに聞こえるかもしれない。しかし、昔ながらの営業テクニックやさまざまなコミュニケーション方法が今や通用しなくなってしまったのは、信頼が失われてしまったからこそであると私は考えている。具体的に、いつ信頼が失われたのか、その正確な時期は私にはわからない。なぜなら、ここからだと言える正確な時期などないからだ。私たちは時間と経験を積み重ねるうちに、自分の周りのものすべてを疑うようになってしまった。政府が私たちの面倒を見てくれるとは思わないし、会社が私たちのためを思ってくれるとも思わない。そして家族でさえも、自分を常に支えてくれるとは思わない。もちろん例外はあるが、この傾向を否定することは難しい。米国、そして世界中の信頼は、もはやごみ屑と化している。私たちは、不信感にあふれた時代に生きているのだ。

今や消費者は、どんな企業や営業マンのことも、時代遅れの方法で押し売りをする駄目なヤツだと見なしている。私たちが自社商品の特長や、自社の社会的責任について話しているときも、何か下心があるのではないかと疑っている。消費者の関心よりも、企業は自分たちの関心を優先しているのではないか、守れない約束をしているのではないか、または、自分たちの主張を裏付けるために都合のよい統計だけを選んで話しているのではないか、と疑っているのだ。

以前にも増して、世の批判者たち（マスコミやブロガー、昔の顧客など）は、あなたの商品を否定的に評価し、もはやあなたが反論しきれない程、さまざまなところへ情報を拡散している。消費者はあなたを信頼していないため、自ら情報を集め、自分自身で事実を見つけ出そうとしている。他の人の意見や、競合他社による評価などを探し求めている。この「不信感の時代」には、過去とは決定的に違う点がある。それは、消費者は自分たちの疑念を簡単に確かめられるという点だ。24時間つながっているケーブルテレビやインターネットによって、情報や反響はいつでも、どこへでも拡散される。これによって、メッセージを伝える仕事はこれまでよりもずっと難しくなってしまった。

私は、言葉を仕事にしている人間だ。言葉こそが、信頼を失墜させ不信感を増長させる大きな要因であると考えているし、そしてまた、言葉こそが、その不信感を取り除く解決手段にもなると信じている。人類が誕生してから現代に至るまで、人間のコミュニケーションの歴史は、試行錯誤の連続だった。数学や物理学、化学とは違い、言葉には普遍的で根本的なルールはないからである。

言葉とは、一つのアートなのだ。私たちが、構文や文法の規則を作るのは、言語を効率的に、使いやすく、そして意味が伝わるようにするためである。しかし、これらの規則は言語によって大きく異なる（たとえば、英語では「青い車」、と言うときに、blue carという語順だが、フランス語ではcar blueとなる）。

そのため、言葉は人々によって自在に操られてしまっている。人々は皆、言葉遊びをし、どんな言葉を使うと相手にどのような影響を与えるのかを試した上で、自分が有利になるように言葉を操る。言葉は、日常生活でとても役に立つ道具だが、一方で、人類が二足歩行を始めた頃から使用され、誤用されてきたものでもあるのだ。

長い間言葉は、人々を操るために使われてきたという事実は、きわめて重要だ。歴史上、人々を奴隷にし、征服し、抑圧し、殺戮することにさえ、言葉は利用されてきた。言葉は、それだけの力を持っているのだ。その一方で、言葉は、人々を助けたり、恐ろしい事態を元の状態に戻したりすることにも使用されてきた。言葉をよく知っていた古代ギリシャの哲学者プラトンは、「言葉を巧みに使うこととは、人の心を支配する技術である」と言った。問題なのは、その使い方を間違えるとそのツケが自分に返ってくるということだ。

21世紀において、言葉を巧みに使う技術は、「スピン（都合のよい解釈）」と呼ばれている。産業界全体が、「スピン」を崇拝し、乱用している。これを最も活用しているのが、ホワイトハウス（米政府）である[1]。しかし、本書が語るのは、言葉を都合よく解釈する「スピン」についてではない。

本書の目的は、人々を騙すために、都合のよい解釈を使ってメッセージをでっち上げることではない。どれほど聞こえの良い言葉を並べ立てたとしても、良くない会社を良い会社に変えることはできないし、悪意から生まれたものを善意のものに変えることもできない。確かに、少しぐらいは、体裁を整えることはできるかもしれないし、騙される人もいるかもしれない。しかし、信頼を築くためには、言葉と行動は一致しなければいけない。言葉を裏付ける行動がなければ、信頼は長続きしないし、結局は大きな不信感を築き上げてしまうだろう。

本書の目的は、数々の「スピン」のせいで不信感が蔓延しているこの時代において、言葉を使って信頼を回復する方法を伝えることである。伝える価値のある素晴らしいメッセージを持っているのに、それをうまく相手に伝えられない人のために、私は本書を書いた。本書は、さまざまな事実や行動、記録を味方につけていても、どうしても最後のハードル（相手に認められること）を越えられないとき、どのような言葉を使うと信頼を築くことができるかを詳しく述べている。

>>>本書は誰のためのものか？

世の中に蔓延している根深い不信感は、私たちが日々仕事やプライベートで行う会話のほとんどに影響を及ぼしている。たとえば、私たちは自社の商品が競合他社のものよりも優れていると言う営業マンに疑いを持つ。「すぐ戻るので、ちょっと考えさせてください」と言う顧客に疑いを持つ。「あなたの仕事は安泰で、会社の中で昇進できる未来がありますよ」と言う経営者に疑いを持つ。「私はこの企業で働くのにピッタリです」と言う求職者に疑いを持つ。顧客のことを考えているとか、環境問題に取り組んでいるとか言う企業に疑いを持つ。ＣＥＯや政治家、そして彼らが交わす約束にももちろん、疑いを持つ。そのようなＣＥＯや政治家を攻撃するブロガーたちにもまた、疑いを持つ。私たちは商品評価のプロに対しても、どうせ会社が手配した人だろう、と疑いを持つ。そして、たまたま見つけた消費者の評価にも、当然のように疑いを持つ。この人物が誰なのか、信頼できる人なのか、まったくわからないからだ。さらに、私たちは個人的な関係においても、一つでも相手に疑いを招くような情報を見つけたら、疑心暗鬼になってしまうものなのだ。

一度この不信感がつくられてしまうと、それを克服するのはきわめて難しい。それを助けるのが、適切な行動を取ることだ。しかし、不信感のせいで相手がうんざりし、あなたを受け入れなくなると、そうした行動も無視されてしまうであろう。

これから重要なメッセージを伝えようとするすべての人々にとって、本書が役に立てれば、望外の喜びである。あなたの仕事や置かれた状況に直接関係する事例が見つかるかもしれないし、見つからないかもしれない。しかし、どんな相手、どんな問題、どんな業界であっても、人々が不信感を抱く理由は一貫して同じであるし、コミュニケーションの中でどのように反応するかも、同じである。私はおよそ30カ国で、それぞれの言語を用いて調査を行ったが、その結果からも不信感がどの市場にも存在するということがわかっている。不信感の度合いは、最も不信感の強い英国から、最も寛容なインドのような新興国に至るまで、さまざまである。人々の持つ意見もさまざまに枝分かれしており、環境から広告、株式市場についてまで、あらゆる点で意見が大きく分かれている。それでも、人々を引き付け、信頼を築くためのアプローチは、驚くべきことに同じなのだ。本書を読むことによって、あなたが直面している具体的な状況にそのまま応用できる原則を見つけ、読み終える頃には、その原則を実行に移すために必要なさまざまな視野と新しい考え方を身に付けていることを願っている。

本書は、あなたの話を聞く姿勢さえ見せない相手に対して、アイデアや商品、サービス、そして自分自身を売り込むために、不信感というこの大海原を航行しなければならない人たちのために書かれている。

具体的には、次のような人のためである。

- **企業広報担当者**：論議の的となっている話題について一般の人々の関心を引いたり、企業のスキャンダルや他の緊急事態によって生じた混乱を収拾したりしなければならない人たち。
- **販売員・営業マン**：顧客が何を考えているのか、どうすればもっと彼らの関心を引くことができるかを知りたい人たち。
- **経営者**：従業員の信頼と士気を高める方法や、彼らの関心を引く方法を探している人たち。
- **マーケティング担当者・広告関連従事者**：商品の売上をもっと伸ばしたい人たち。
- **求職者**：自分自身を相手に印象付け、売り込まなければならない人たち。

読者の一部には、本書を読むことで、今の自分の話し方の癖を変えてもらうことになる。本書では、使うべき言葉、使うべきでない言葉、メッセージを構築する新しい言葉の順番を徹底的に検証する。とりわけ、本書でお見せする事例は、政治から金融まで、現実世界で起きたことに基づいている。これによって、あなたは自分自身の話す内容と話し方に、人々がどう反応するかがわかるようになるだろう。この不信に満ちた時代に、新しい言葉を用いてどのようにメッセージを伝えるかを学ぶことで、あなたは相手との関係を根本的に変えられるようになるだろう。

それこそが、「信頼を勝ち取る言葉」の本質なのだ。

>>>調査に基づくアプローチ

本書は、質と量の両面から行った調査を独自に組み合わせ、現代社会の風潮と人々の心理的な傾向を明らかにしている。また、何千回ものインスタント・レスポンス・セッション（後述）、消費者グループの意見、そして世論調査ももとにしている。これらの調査によって、私たち人間がメッセージやコミュニケーションにどう反応するのかという点について、問題の内容や地域に関係なく、驚くべき一貫性があることが明らかになっている。

私の会社が専門的に研究しているのは、私たちの言葉が持つ影響力、そしてその言葉をより効果的に使うにはどうすればいいか、ということである。私たちの調査は、メッセージに対する人々の理性的な反応ではなく、感情的な反応をもとにしている。なぜなら、人とはしばしば理性よりも先に感情で反応するからだ。私たちは、医療業界からエネルギー業界、テクノロジー業界、食品および飲料業界、さらに不動産開発から生活用品開発に至るまで、ほぼすべての主要な業界において調査を行った。また、課税制度や規制、風評問題などさまざまな問題に対しても、人々がどう反応をするのかを知るため、途方もない数の話題を調査した。どの調査でも、何がうまくいき、何がうまくいかないのか、そしてそれはなぜなのかを理解すべく、さまざまなメッセージを用いてテストを行った。そして、その調査結果のほとんどが示しているのが、商品を売るときの最初の一歩として、信頼を築くことがいかに重要か、ということである。私はこうした調査から学んだ原則を本書にまとめたのだ。

あのダイヤルには触るな

CNNのようなニュース番組で、米大統領候補討論を見たことがあるだろうか。聴衆が手に持ったダイヤルで入力した反応を、リアルタイムに映し出しているところだ。私たちも、同じような方法で調査を行っている。

これらの機器を用いて、聴衆の反応を通常0（完全に否定的な反応）から100（完全に肯定的な反応）までの目盛りで計測する。参加者は当初ダイヤルを50（中立的な反応）に設定するよう指示され、そしてメッセージへの反応をもとに「ダイヤルアップ」か「ダイヤルダウン」する。聴衆の点数は集計され、その平均を示す線がメッセージと共にリアルタイムで画面上に映し出されるのだ。

メッセージに対する感情に基づく瞬間的な反応を見極めるために、私たちはこの手段を調査に活用している。メッセージを聞いたら、なぜそのメッセージを好きなのか、または嫌いなのかを考える前に、ダイヤルを回してもらう。頭が何を考えているかよりも先に、心が何を感じているかを知ることができるのだ。私たちがインスタント・レスポンス・セッションと呼んでいるこのテストの別の重要な側面は、人口統計によって結果を分析することができることだ。たとえば、政治討論の場合、異なる色の線グラフが各々の聴衆の所属政党、性別、またはその両方を示す。これらのグラフは、匿名の個人と集団の総体的な心的態度の両方を兼ねた動きを示している。

ダイヤルテストの結果は、グループ内の参加者がお互いに影響を与えるのを避けるため、参加者自身にはリアルタイムで知らされないが、その結果は、参加者の心の中にある吹き出しを具現化したような、珍しい光景だ。これらのデータは、人々が私たちの話すことにどう反応するかという幅広い証拠の一つになる。

私は、今日の消費者について、最前線で研究している本書の共著者たちと仕事ができたことを光栄に感じている。彼らは、信頼を築くことがどんな業界よりも重要な業界である金融業界で仕事をする人々だ。彼らの同僚は、毎日投資家に会いに行き、資産の管理人という大役を務める資産運用アドバイザーたちである。本書の共著者たちは、信頼を築くことの重要性についいて独自の見解を持っており、数千人もの資産運用アドバイザーが今まで使ってきた技術の中で何が成功し、何が失敗するのかを見てきたのだ。本書は、金融業界におけるメッセージの伝え方に特化しているわけではないが、文中で取り上げる事例の多くは、金融業界に関連したものだ。実際、本書の一部は、この分野での共同調査から生まれている。私たちは、本書の読者の役に立つと考えて金融業界を取り巻く問題を取り上げたわけではない。金融業界がきわめて困難な状況にあり、販売員や企業広報担当者が難しい問題に頻繁に直面していることから、この問題を取り上げたのだ。

金融業界の事例を取り上げている理由のもう一つは、金融商品とは、そのものの価値を理解してもらった上で購入してもらう商品の良い例だったからである。たとえば、iPhoneを売るのはそんなに難しいことではない。誰でも知っている商品で、勝手に売れていくといっても過言ではないだろう。しかし、国民の76％が知らない、興味がない、または好きじゃないという商品を売ろうとすると、どうだろうか。金融業界は今、大きな信用問題に苦しんでいる。金融商品は複雑で誤解されやすく、さらに過去の悪いイメージも持っている。メディアで評論家たちが、常に金融業界を批判している事実を考えると、金融商品を売るのは不可能に近い。それでもなお、米国の投資家は1兆5000億ドル（一米ドル＝100円として換算すると約150兆円。以下同）に相当する金融商品を保有しているのだ[2]。

本書の究極的な目的は、人々を理解することである。人々を理解する、という同様のテーマについて書かれた本が、既に数えきれないほどたくさんあることはわかっている。しかし、特定の単語やフレーズ、そしてメッセージを伝える手段など、本書のように、「言葉」に焦点を当てた本はほとんど見たことがない。私は、長い年月にわたり、実に多岐にわたる分野で、人々がメッセージにどう反応するかを観察し、彼らの話を聞くことに膨大な時間を費やしてきた。そして、なぜ彼らがそのような反応をするのかを尋ね、簡単な単語から複雑な議論に至るまで、「言葉」が、ビジネスや政治、または隣人に対する視点に、どのような影響を及ぼすか理解しようとしてきた。本書はそれらの経験を凝縮させたものだ。

>>>なぜ信頼について書かれた本書を信頼しなければならないか？

あなたの人生を変える可能性がある本とは、歴史的に有名な名作だけだと私は思う。私たちの考え方や行動の仕方、人間を理解する方法に革命をもたらすような本のことだ。確かに、本書にはあなたの人生を変えるようなことは書かれていない。また、あなたが今、もしくは将来直面するコミュニケーション上の問題を解決する方法を、必ずしも抜本的に変えるものでもない。

本書の目論みは、最新の文化とコミュニケーションに関する調査結果に基づいて、現代ならではの問題に対し、合理的な原則を示すことにある。その問題とは、信頼が極度に失われているときでも、影響力があり、かつ信頼を得られる方法でメッセージを伝えるにはどうするべきか、というものだ。

ここで理解していただきたいことは、本書はただ私自身の意見と独り言を述べているだけではないということだ。本書で示されるのは、定量および定性調査から集められたフィードバックをもとにした分析結果である。調査対象は、有権者や消費者、メディア、従業員、株主、そして国会議員など、多岐にわたる。彼らと、どうしたら不信感を拭い、新しいアイデアや商品を効果的に提示するメッセージを伝えられるのかということを、調査した結果なのである。彼らは、さまざまな発言やトピックに関して自分たちの考えを共有したいだけで、それ以外の意図は持っていない。その結果、彼らが示した反応と意見が、従来のコミュニケーションの取り方が間違っていた、ということを示してくれたのだ。

原則について書かれた本に疑問を持つ人もいるだろう。なぜなら、原則は簡単に論破されてしまうことがあるからだ。私もそう思う。効果的にメッセージを伝えるためには、前後関係が非常に重要であり、どんな原則やルールでも、いついかなる状況にも必ず当てはまるなどということはない。たとえば本書ではネガティブなメッセージを禁じているが、ときには、ネガティブなメッセージがうまく機能したり、偏ったメッセージが効果的だったり、極端な約束事が人々の心を動かしたりすることもある。しかしそれは例外であり、ルールではない。私たちがわかったことは、あなたが不信感を持つ相手に出会い、その人物に近づく必要があるときには、「信頼を勝ち取る言葉」こそがあなたを成功へ導くということだ。

本書には、フランク・ランツ（かつてジョージ・W・ブッシュ政権のPR戦略に携わっていた人物）が設立した会社のCEOが携わっている。フランク・ランツは有名な世論調査員であり、効果的でインパクトの強いメッセージ伝達のプロフェッショナルである。彼の理論は政治の範囲を超え、不信感を持つ相手にメッセージを伝えようともがいているすべての人たちにとって有効であると確信している。本書を読み終える頃には、あなたは聞き手のことだけを考えて、発言することができるようになるだろう。しかしそれは、あなたが彼らに信頼され、近づくことができた場合の話なのだ。

第1章
信頼を勝ち取るための新しい言葉

私は信じない。証明してみるがいい。それでも私は信じないだろう。
『銀河ヒッチハイク・ガイド』(ダグラス・アダムス)
1979年初版　英国のSFコメディ

これが今日、私たちが暮らしている世界である。特定の個人、業界、問題や企業に限らず、あるいは特定の地域に限らず、みんな、不信感を覚えている。日本の金融サービスに、中国の環境問題に、西欧の代替エネルギーに、そしてブラジルの保健行政にも不信感を覚えている。不信感に満ちたこの時代に、信頼を勝ち取るためにはどうすればいいのであろうか。実は場所や問題を問わず、やるべきことは同じだ。メッセージを伝えるためにやるべきこととは、正確な事実と議論を整理することにすぎないのだ。しかし、聞き手が不信感を抱いているがためにメッセージが伝わらないことが多い。そのたびに、メッセージの発信者はひどく欲求不満になってしまう。私の経験からいえば、不信感を拭うために大切なのは、理性よりも感情である。人々に、「この人は信頼できる」と思わせることが重要だ。効果的にメッセージを伝えるためには、まずメッセージを受け取ってもらえるような信頼関係を築くべきである。

本書が伝える「信頼を勝ち取る言葉」は、あなたのメッセージによって、さまざまな問題や商品に対する人々の見方を変えられるということを前提としている。しかし現実には、人々の世界観はめったなことでは変えられない。営業マンが顧客に営業できる時間はあまりにも短く、政治家のメッセージも大抵はニュースの中で要約されて伝わってしまう。しかも、ほとんどの人々は、自分の信念とは異なるメッセージを聞き流してしまう。一方の営業マンも、顧客の世界観に歩み寄ることをせず、ただ商品を買ってもらう道を探している。ここでやるべきことは、自分のアイデアやメッセージを相手の世界観に合わせるということである。

そのためには、不信感を抱える人々がどう考えているか、なぜ不信感が募っていくのかを理解する必要がある。彼らを納得させるため、まず彼らの世界観を知り、受け入れるのだ。そうすることではじめて、彼らの興味を引き、耳を傾けさせることができるだろう。

第1項の「米国の『信頼が失われた時代』」ではまず、不信感はどこから生まれるのか、なぜ不信感が社会の隅々にまで急速に広まっているのかを明らかにする。次に、この大きな不信感がビジネスにどのような影響を及ぼすかを論じる。「疑わしきは罰せず」という原則が通じなくなると、どんな企業であろうと売り上げにダメージを受ける。そして信頼が失われた結果、コミュニケーションのあり方がこれまでとは根本的に変わってしまったのだ。

続く第2項の「はじめにまず言葉ありき」では、「信頼を勝ち取る言葉」を手に入れるためのルールを提示する。「信頼を勝ち取る言葉」とはどのようなもので、ビジネスの場面にどのように応用できるのかを論じる。営業トークからさまざまな問題の対処法まで、これまでのやり方とはまったく違うことに驚くかもしれない。さらに、信頼されるメッセージを伝えるための4原則を紹介する。これらは相手の不信感を拭い、信頼を勝ち取るための有効なツールになるはずだ。

1
米国の「信頼が失われた時代」

米国の信頼、ここに眠る
生没年：1776-2008

想像してみよう。大義のない戦争がずるずると五年間も続き、数千人の国民の命と数十億ドル（一米ドル＝１００円として換算すると数千億円。以下同）を失った、そんな国を。

想像してみよう。国民の半数が大統領に不信感と怒りを抱く状況を。その一方で、残りの半数の人々が次期大統領になろうとする若いカリスマ的な人物に対して、不信感と怒りを抱いている状況を。

想像してみよう。プライベートジェットで議会の公聴会に赴き、卑屈な態度で公的資金の投入を求める、あきれたＣＥＯを。

想像してみよう。自分たちの次の四半期のボーナスを増やそうとして、あまりにも気楽で無責任な投資を行い、国民の貯蓄を奪った世界で一番巨大で信頼されていた銀行と投資会社を。

想像してみよう。この国で最も信頼されているはずの政界、ビジネス界、経済界や社会のリーダーたちが、いかに無能で、いかさま師で、嘘つきかを。

想像してみよう。この国がここ数年間で経験してきた戦争、経済危機、信頼の崩壊は、かつてのやり方が通用しない状況で起きたということを。

この20年間で、メディアの風景は劇的に様変わりした。通信手段が多様化し、インターネットやブログの利用者も拡大し、多くの発言や意見が世の中にあふれるようになった。今までのシステムでは、学者やマスメディアによって情報や世の中の意見は編集され、管理されていたが、今では自分自身でそれぞれの情報や意見を判断するシステムへと変化した。人々は情報を自分たちで探し出し、その真偽を自ら判断するようになっているという、新たな現実――。

ようこそ、米国の信頼が崩壊した２００８年へ。

信頼が崩壊した、という表現は大胆すぎるだろうか。しかし、「フォーチュン５００」（フォーチュン誌が発表する総収入に基づいた全米上位５００社のリスト）にリストアップされた大企業および中小企業のリーダーたちや政治家、官僚、ＮＰＯや慈善団体を数年にわたって調査し、何百回と会話を交わした結果、２００８年こそ、ここ数十年にわたって徐々に失われてきた信頼がついに崩壊した年だったということが明らかになった。

メッセージを発信したいと思っている者にとっては、この影響は明らかだ。たとえば、食品や飲料メーカーが商品の栄養価を語るにしても、エネルギー関連企業がグリーンエネルギーを推進するにしても、住宅ローン業者が不満を抱えた住宅所有者と一度は壊れた信頼関係を再構築するにしても、信頼関係を築くためのハードルが高くなっているのが現実だ。有権者や消費者だけでなく、従業員でさえもが、数十年前とは違った角度から自分たちの会社を眺めている。彼らは、あなたの言葉を聞く前から既にあなたを疑おうとしている。人々は今、相手の信頼できる側面ではなく、例外や矛盾を先に見つけようとするのだ。結果的に、ただメッセージを伝えるだけの従来のコミュニケーション方法が通用しなくなってきている。あらゆる分野において、米国では信頼が大きく揺らいでおり、その信頼レベルに合わせたメッセージの伝え方を考えなければならなくなったのだ。

世界最大のPRコンサルティング会社のエデルマンは毎年、メディアから銀行まであらゆる分野における企業の信頼度を調査している。２００９年の調査結果から明らかになったのは、米国人の四人に三人が、一年前よりも企業を信頼していないということだった。さらに悪いことに、その信頼の低下傾向はすべての主要な産業において見られた。

しかも、真実と嘘を見分けるために頼るべき「第四の権力」であるメディアを信頼するという人は少なく、それどころかメディアは企業や政府よりもはるかに信頼されていないということもわかった。主要ケーブルテレビ各局も、支持する政党によって放送する内容が異なり、視聴者は自分が信じる放送局を選ぶ。そのため今の時代においては、人々がどんなテレビ局を見ているかによって、議論のベースとなる事実についての認識に大きな違いが生じてしまうことも起こりうるのだ。

これは、一時的な現象ではない。人々の信頼そのものが大きく変化してしまったのだ。かつて経験したことのないような危機的状況において、大切なことを人々に伝えたいと思ったら、私たちはどのような言葉を発するべきなのだろうか。

＞＞＞不信の根源

わずか数年前までは、営業マンや企業のリーダー、マーケティング担当者、そして私のようなコミュニケーション・スペシャリストの業務は簡単なものだった。コミュニケーションは一方的なやり取りでよかったからだ。顧客に商品の魅力を訴えるには、ビジョンを描き、競合商品と比較し、消費者に愛国心、アメリカンドリーム、子猫（平和な米国家庭のイメージ）など、何かしらの憧れを思い浮かばせればよかった。企業がメッセージを送ると、必ず人々が耳を傾けてくれる時代がかつては存在したのである。決め台詞でメッセージが伝わる黄金時代だったと言えよう。こうして何十年もの間、深刻な経済危機もなく、ペプシが言うところのいわゆる「ジェネレーションネクスト」は、空前の経済成長と繁栄を謳歌してきた。しかし、そうした「信頼」は消えてなくなってしまった。すべてが変わってしまった。私たちが今日、生きているのは、「信頼が失われた時代」なのだ。

「信頼」は「不信」に変わった。従来のような単純なやり方はもう通用しない。企業の広報が自社商品の魅力を語っても、誰も耳を傾けないし信頼もしてくれない。企業がビジョンを描き、全力を傾けても皆がついてくるわけではない。政治家の支持率も史上最低である。政治家であるというだけで信頼されない時代だ。

信頼が失われた時代の2010年。これまで以上に、人々は情報が恣意的に改ざんされているのではないかと神経質になっている。私たちの調査によると、疑わしい広告や情報は、見向きもされないことがわかった。統計データでさえ、企業が重要な情報を意図的に隠蔽するために改ざんしていると人々は考えている。

アイデアや候補者、商品、あるいは自分自身を売り込もうとするとき、「私を信頼してください」と言うだけでは十分ではない。それどころか、他社よりも自社の方が優れていることや、商品の安全性を訴えれば訴えるほど、逆に信頼されなくなってしまう。これが信頼が失われた時代なのである。

信頼は消え、不信のみが残るのだ。

不信に満ちた人々は、真実を求めてあらゆる考え方の検証に挑む。相手をより深く理解するのに多くの時間を費やし、最善の決定を行う。これは健全な姿勢だと言えよう。一方、多くの人は不信に満ちた人々の反対を楽観主義者と考えているが、そうではない。不信に満ちた人々の反対は、騙されやすい人である。騙されやすい人は何の疑問も抱かずに物事を信じてしまうが、不信に満ちた人々はより多くの情報を集めようとする。経験を積めば積むほど人は疑い深くなっていくものだが、問題は、この不信感が今では子どもから大人まで、あらゆる層に浸透していることだ。なぜこんなことになったのか、その理由をいくつか挙げてみよう。

人々は膨大な情報を手にしている。かつて、顧客は「当社の商品は最高だ」と言われれば、素直にそれを信じたものだった。ガマの油でさえ、広場で演台に立てば多くの人に販売できた。売り手は「商品を買え」と、顧客にすごんだものだ。そのようなやり方が通用したのは、人々がただ無知だったからであり、判断を助けてくれるグーグル検索が存在しなかったからでもある。今は商品を購入する前に、アマゾン・ドット・コムのカスタマーレビューをチェックし、イピニオンズ・ドット・コム（Epinions.com：全米最大の消費者による感想・評価サイト）に記載されている感想や評価を細かく調べ、ブログを検索して否定的な感想や実際の体験談を読んだりする。すべてがオンラインでつながった世界では、メッセージが真実かどうかを、以前より早く確かめられるのだ。

舞台の裏側を知ってしまった。マーケティング学とコミュニケーション学といった学問は、いつの間にか大衆文化の一部になり下がってしまった。政治の世界においては競争を少しでも有利にするために、しばしばほとんど意味のないメッセージを発信する人々がいる。私たちはそうしたコミュニケーションのあり方にさらされ続けてきた。その結果、洗練された消費者になってきたのだ。

どう考えるべきか指図されたくない。もし親が反抗期の子どもに「いらない」と言わせたければ、手っ取り早く「これは良いものだよ」と伝えるといい。子どもを私たち消費者に、親を企業や政府に置きかえて考えるとよくわかる。私たちが彼らの提案を受け入れないのは、それが親から押し付けられたものだからだ。最も説得力があり効果的な営業トークは、実はいわゆる営業トークではないことの方が多い。効果的な営業トークとは、宣伝ではなく、情報を提供し、判断を消費者に委ねることなのだ。

移り気になった。数十年前までは、テレビコマーシャルの時間が2分もあり、保険外交員が戸別訪問をしてくることも珍しくなかった。しかし、今では同じ保険をオンラインで購入できるようになっており、その際に、オンライン上の広告をわずかな時間眺める程度だ。私たちが生きているのは、24時間つながっているオンラインの世界である。そこでは、無数のコンテンツが私たちの注目とお金を奪おうと、常に狙っている。何百万もの人々がフェイスブックやツイッターを使い、せいぜい１４０文字というわずかな文字でメッセージを伝えている。電話がeメールになり、eメールがショートメールになり、ショートメールが絵文字やスタンプに短縮されている。今やただ絵文字を見ればよく、聞かなくても、読まなくてもよくなってしまった。このように驚くべき進化のおかげで、メッセージを通して信頼を勝ち取ることは困難になり、信頼を築く時間すら十分に確保できなくなった。情報の増加や商品の複雑化など、さまざまな要因が絡み合い、デジタルにあおられた不信の時代。これが米国の「信頼が失われた時代」なのである。

>>>愚かさの「シンボル」

さまざまな「シンボル」が人々の会社の中などで一般的に用いられるようになってきたことも、

信頼が失われているもう一つの徴候である。

たとえば下の表を見ていただきたい。数百万ドル（数億円）の報酬や、プライベートジェット、成長ホルモン入りミルク、使い捨てのペットボトル、ベビー用品に含まれる化学物質、高金利のクレジットカード、ウォールストリートで大盤振る舞いされるボーナス……。

これらに共通するものは何か。一見脈絡がないように見えるが、これらの言葉が使われる状況を見ると、ある共通点が浮かび上がってくる。それは、いずれも「シンボル」であることだ。背後にあるイメージを象徴するのが「シンボル」なのだ。これが無言で企業やビジネスに特定の難問を引き起こすのである。

「シンボル」は、もう何千年も重要な役割を担ってきたが、信頼が失われた時代にはこの「シンボル」こそが何かにつけて世間の話題を独占している。ゼネラル・モーターズ（以下、GM。世界有数の自動車会社）のかつてのCEOであるリック・ワゴナーを例に取って考えてみよう。GMが公的資金を必要とする理由を米国議会で説

愚かさの「シンボル」の例

シンボル	その「シンボル」から受けるイメージ
数百万ドル（数億円）の報酬	悪いことをした見返り
プライベートジェット	特権階級の保護
成長ホルモン入りミルク	家庭の食卓はもはや不純物でいっぱい
使い捨てのペットボトル	使い捨てによる環境汚染の原因
ベビー用品に含まれる化学物質	ひともうけする材料
高金利のクレジットカード	あらゆる機会を捉えてお金をまき上げられる
ウォール街の残留特別ボーナス	究極の偽善
メジャーリーグのステロイド	ルールなんて気にしない

明する日、彼と会社の役員はそれぞれのプライベートジェットでデトロイトからワシントンにやってきた。彼らにとっては、公的な支援を受けられるだけの十分に筋の通った言い分があったかもしれない。しかし国民にとっては、プライベートジェットという「シンボル」のせいで、救済措置を求めるワゴナーCEOの姿が完全に曇ってしまったのである。

CEOの報酬も強烈な「シンボル」だ。ほとんどの大手企業では、役員が受け取る報酬は、商品の原価全体にかかる支出に比べれば、ごくわずかな額にすぎない。平均的な企業でも、役員の全給与額を差し引いたところで、商品の原価にほぼ影響はない。しかし、事実はどうであれ、CEOの報酬は、顧客を餌食にして私腹を肥やしているという「シンボル」だ。このような「シンボル」が消費者の脳内を支配している限り、企業のポジティブな側面を語るのはきわめて難しい。

こうした状況をあおっているのがメディアである。視聴者や読者を引き付けるために、マスコミはストーリーをわかりやすくするだけではなく、それを「シンボル」と結び付けて、理解しやすく、反論できないように情報を操作する。複雑な問題がキャッチコピーに短縮され、微妙なニュアンスは失われ、本当に中身の濃い議論をする機会は消えてしまうのだ。

さらに悪いことに、「シンボル」に支配されたコミュニケーションはウイルスのように瞬く間に増殖し、世論や法制度までをも動かすことになり、結果的に企業のビジネスにきわめて大きなダメージを与えることになる。旧世代のメディアである新聞が翌朝家に届くよりも早く、ソーシャルメディアやブログは、しばしばストリーミング動画と共に、世界中に鮮烈なイメージを拡散できるのだ。

#Amazonfail（アマゾンをボイコットしよう）

２００９年４月、同性愛をテーマにした大量の書籍がアマゾン・ドット・コムの売り上げランキングから姿を消した。しかも、アマゾン・ドット・コムの検索結果とリストのページからも見られなくなった。その直後、ツイッター上に#amazonfail（アマゾンをボイコットしよう）というハッシュタグ（キーワード）が付けられたツイート（つぶやき）が行き交う騒動が起きた。大方の結論は、アマゾン・ドット・コムが意図的に、そしてきわめて不適切な操作を行い、かつて差別されていた人々を再び迫害したというものだった。事実を見極めるためにより多くの情報を集めようとした人も、アマゾン・ドット・コムに説明の時間を与えようとした人もいなかった。数万とはいわなくとも、数千の人々が、そうしたツイートを読んでアマゾン・ドット・コムはひどい企業だと決めつけた。同性愛をテーマにした書籍がランクから姿を消した、というあまりに強烈な「シンボル」が脳裏に焼きついてしまったのだ。

しかし、後にそれは単純に技術的な問題だったことが判明した。アマゾン・ドット・コムは、この件の対応のまずさについては幾ばくかの責任を負わなければならないが、それとは別に、ここから得られる明白な教訓がある。あるブロガーがこう書いていた。「この事件が、意図された偏見ではなく、技術的問題により引き起こされたものだったという事実はすぐに僕の脳裏から消え去った。これは、僕が、愚かにも感情に流されてしまったからだ。知的な仕事や研究に従事する人々ですら、激しい感情に流されることで、理性が感情に負けてしまうであろう」[3]

＞＞＞不信感がビジネスに及ぼすインパクト

信頼が失われた時代。政治家から、ごく普通の人まで、誰もがアイデアを売り込むことがいかに難しいかを感じている。今まで社会で好意的に受け入れられたことがなかった大企業であれば、なおのこと難しい時代を迎えている。不信に満ちた時代はまだ始まったばかりだが、もはや過激派グループや政治的主張を声高に叫ぶマイノリティーだけでなく、普通の企業ですら悪党と見なされるようになっている。

映画の回想などしたくはないが、企業とそのCEO（ほとんどいつも高齢で白人、そしてきまって険しい表情をしている）が、長編映画の結末で法の裁きを受けている場面は少なくない。

こうした現象は突然始まったわけではない。時代を追って米国映画を見ていけば、悪役が銀行強盗やスパイから、企業のCEOへと変わっているのがわかるはずだ。*1 たとえばマイケル・ムーアの『ロジャー＆ミー』や、『エリン・ブロコビッチ』、『クライシス・オブ・アメリカ』などでは、巨大なビジネスは、悪者が裏で糸を引いていることになっている。子ども向けの映画も例外ではない。『ウォーリー』では、世界を牛耳る巨大企業が回復できないほどに地球を汚染しているし、『ハッピーフィート』では、ペンギンに食べさせる餌をケチる、貪欲で自己中心的な企業が登場する。

ここで私が言いたいのは、不信感が与えるインパクトと悪いイメージの力が、信頼が失われた時代においてますます顕著になっているということだ。スクリーンには、一般の人々の間に広がる企業への嫌悪感が反映されているにすぎない。企業を信頼しないだけでなく、積極的に悪者へ仕立て上げようとする文化が一般化しているのだ。さらに恐ろしいことに、新しく生まれたこのような不信の矛先が向かうのは、利益を追求する全米トップの企業だけにとどまらない。この状況下では、販売やマーケティング、広告に携わる人々はメッセージを伝えることがますます困難になっている。たとえ、きちんとした事実をもとにした善意に満ちたメッセージであっても、何も信頼されなくなっているからだ。

私が一緒に仕事をした慈善事業団体も、素晴らしい実績を挙げているにもかかわらず、大企業同様に人々に不信の目を向けられている。熱心に仕事に取り組んでいたある従業員が、ほんの数カ月でやる気を失い、懐疑的で反抗的な人物に変わった例もある。大企業でも中小企業でも、政治でもビジネスでも、営利目的でも非営利目的でも、問題は同じだ。商品、アイデア、候補者……何かを売り込もうとすれば、途端に困難に直面することになる。その理由は、人々があなたを信頼していないからだ。あなたが何らかの役職に就いていれば、なおさらである。

この信頼から不信への変化は、単なる世間話でとどまる話ではない。不信感がもたらす影響により、人々が選ぶあらゆる個人向け商品も左右されることになるのだ。

買う決め手は商品やサービスそのものではない。今日の消費者は企業全体の評判を気にしている。どんな経営をしているのか、従業員の待遇はどうか、経営環境はどうかなど、さまざまな側面から企業を見て、その企業のものを買いたいかどうかを考えている。信頼調査を得意とするエデルマンの調査によれば、77％の人が、商品やサービスを買わない理由を、企業そのものを信頼していないからだと言っている。ウォルマート（米国の大手スーパーマーケットチェーン）が格好の例だろう。ウォルマートが近くにあり、商品を最も安く買える店なのにもかかわらず、多くの人々が別のスーパーで買い物をすると答えている。なぜか？　同社が従業員を不当に扱っているとのニュースによって、顧客の信頼を損ねてしまったからだ。消費者はウォルマートで買い物をするくらいなら、少し高くて離れていても別のスーパーで買い物をしようと考えたのだ。

この事実が物語るのは、もはや単純に商品を売っているだけでは駄目ということである。製薬会社は、最新の薬を売ることだけに注力すればいいわけではない。保険会社も、保険を売ることだけに専念すればいいわけではない。飲料水メーカーも、ただ鮮度のいい水を売るだけでは駄目なのだ。あらゆる業種において企業は信頼を失っているため、マーケティング担当者にはこれまで以上に多くの時間とメッセージを使い、かつてのマーケティングの範疇にとらわれない活動が求められよう。

マーケティング担当者は商品の魅力を説明するだけではなく、風評リスクを避けることにも力を注がざるを得ないのだ。環境への配慮、従業員の健康、福利厚生などに対する取り組みについて世間の評判を得ることは、企業の競争力を高めることになるだろう。簡単には信頼してくれない世界の現実を踏まえ、多くのマーケティング担当者は、こうしたことにも力を注がなくてはならなくなった。

企業は法令、規制、課税の標的になりやすくなっている。ロビイスト（圧力団体の利益を政治に反映させるために、政党・議員・官僚などに働きかけることを専門とする人々）は別として、米国を崇拝し擁護する人々は少なくなっている。過去のアメリカンドリームで成り立っていたこの国にとって、それは神のご加護を失ったも同然だ。あるＣＥＯが最近私にこう語ってくれた。「どんなに世の中のためになることを行っても、私は常に世間の標的にされながら歩いている気分です」。信頼が失われている現代においては、すさまじい批判から身を守ろうとすればするほど立場は弱くなるのだ。

利他的行動も通じない。良かれと思ってやったことが不信感の壁にぶつかることもある今日、信頼を得るためには、やっていることを正しく伝えなければならない。なぜなら今や例外なく、善行の「裏」には何か本当の狙いがあるだろうと疑われているからだ。

最近私たちは４０１ｋ（確定拠出個人年金制度）の調査を行い、従業員がもっと４０１ｋの口座を使い、貴重な老後資金を蓄えるように促すために、雇用主は何をすべきかを探った。専門家は従業員のために、筋が通った説明で、給料の７％を退職後のために積み立てることを提案した。それを念頭に、私たちは以下のアンケートを行った。あなたの雇用主は、自動的に４０１ｋの掛金を給料の７％に設定しましたが、あなたが望めばその比率を変更できると言われたらどう思いますか？　その結果、半数以上の人々が、この自動設定に反対の意向を示したのだ。雇用主が自分の利益のために、従業員の給料に不当に干渉しようとしていると思われてしまったからだ。実際は、強制的にでも貯蓄をすることが、従業員の将来のための蓄えをつくる唯一の方法であると広く知らしめることが目的だった。しかし、そうした利他的な目的があったにもかかわらず、企業の努力は、信頼のなさ故に拒否されたのだ。

これこそ、「信頼を勝ち取る言葉」で聞き手との関係を変えていくべき場面だ。退職後のために毎月の給料の7％を積み立てることで何が起こるかを想定し、メッセージを伝える方法を変えたところ、結果は劇的に変化した。

「信頼を勝ち取る言葉」の使い方

401kに関する説明において、以下の四つの言葉の使い方を比較してみよう。

1　「当初は自動的にプランに登録され、給料の7％が掛金として天引きされますが、必ず登録しなければいけないというわけではありません。もし登録を希望されない場合や、用意された選択肢が気に入らない場合は、いつでも比率を上げることも、登録自体を解除することもできます」

2　「掛金の比率と初期設定としての投資対象商品の選択肢は、一般的なガイドラインに基づいてこちらであらかじめ設定してあります。しかし、比率の変更や登録の解除はいつでも可能です」

3　「皆さんの資産運用や貯蓄について指図をするつもりはありません。しかし、皆さんが選択肢を理解し、老後資金を準備するための運用のお手伝いをさせていただきたいと思います」

4　「私たちは、皆さんに最も効果的な貯蓄と投資の方法について情報とガイダンスを提供し、老後資金の目標を達成してもらう責任があると考えています」

すべて聞こえは良い。しかし、最初の言葉は40％の人々の心には響くが、二番目と三番目は25％の人々にも響かないだろう。最後に至っては15％の人々にしか響かない。しかし、どれも言おうとしている内容は同じである。

もう一度見てみよう。四番目の言葉は多くの企業の信念を言い表している。私の経験から言えば、人事部長や役員の圧倒的多数が従業員のことを気遣っている。個人的なつながりがあろうがなかろうが、従業員に職場でも職場の外でも成功してほしいと望んでいるからだ。数多くのプロジェクトを見てきてわかったことだが、問題は、従業員が雇い主の思いを受け入れないことだ。要は、雇い主の思いを簡単には信頼できないのである。だからこそ、やり方を変えようとしている企業もある。自分たちの思いを伝えようとするのではなく、いくつかの選択肢を提示し、プロセスそのものに登録しない権利もあることをわざわざ強調しようとしているのだ。

>>>効果的なコミュニケーションのヒント

信頼が失われた時代にメッセージを伝えることが難しいのは、かつては役に立った手段やアプローチがもはや通用しないからである。企業、営業マン、政治家たちが自分たちの話をし、それを聞いてもらい、信じてさえもらえた時代とは程遠いのだ。この新しい世界で大切なことは、コミュニケーションの新しいルールを理解することである。以下に述べる七つの教訓は、信頼が失われた時代に起きた変化から得られたものである。これらの教訓は、コミュニケーションのハウツー（これは本書の第2章以降で述べる）ではなく、信頼の終焉とともに古臭くなった決まり文句の効力を疑うということなのだ。

1　真実を伝えるだけでは、あなたへの理解は得られない

かつて「真実」は、荒れ狂う論争の海に浮かぶ救命ボートのような存在であったが、今やあまりにも水をかぶりすぎてしまった。真実を述べたとしても、単純にそれだけで信頼を勝ち取ることができたり、商品が売れたり、人々があなたに心を開いてくれたりするとは限らない。そんなことはないにもかかわらず、自分にとっての「真実」さえ理解してもらえれば、誤解は解けると信じている人々は少なくない。

信頼が失われた時代の問題はまず、すべての人々が自分たちの真実を持っているということだ。あなたがこれこそが事実であると主張すれば、私はそれは話の一部にすぎないと反論する

だろう。もし、これは専門家によると紛れもない真実だとあなたが主張すれば、私は「どちらの専門家ですか？」と問うだろう。あなたが自分の言い分が正しいことを示すために統計を持ち出せば、私はそれに反するデータをオンライン上で見つけるだろう。

事実に限界があることは、80年以上も前に起きた世界恐慌が起きた原因や、どのような解決策があったのかについて、ノーベル賞を受賞した経済学者たちでさえも意見が一致していないことを見れば、明らかである。

事実を巡るもう一つの問題は、聞き手がそもそも聞きたがっていない話をしても、百害あって一利なし、ということだ。英国最大の石油会社ブリティッシュ・ペトロリアム（以下ＢＰ）は２０１０年6月、メキシコ湾岸に流出した石油を一日二万バレル回収したと胸を張った。しかしその裏で、その後数カ月間にわたって、少なくとも一日六万バレルの石油が流出し続けるだろうということを実は認識していた。トヨタ自動車は安全神話の崩壊を打ち消そうと、過去20年間に販売された同社製の自動車の80％が今もまだ無事に道路を走っているという事実を取り上げた。ＧＭは広告キャンペーンで政府の公的資金を「利子を加えて完全に」返済したと大々的に発表したが、２０１０年現在まだＴＡＲＰ（不良債権救済プログラム）から供給された数十億ドル（数千億円）もの税金を返していない。ＢＰの石油回収作業が進展していたのか、トヨタ自動車製の自動車は永遠に走れるのか、ＧＭが米国の納税者への返済を済ませたのか。そんなことはどうでもいい。

問題は、誰もそんなことは聞きたくないということだ。多くの人々はそれを「半端な真実」と呼ぶ。半端な真実では、不信感を抱く人々はあなたの意見に耳を傾けない。それどころか、ますますあなたから離れていくだけだ。これは間違いなく失敗する説得方法と言っていい。私に言わせれば、そんなものは「致命的な真実」である。

もちろん、真実そのものに間違いはない。論理的にも矛盾はない。企業側から見れば納得のいくものだが、それが通用するのは企業の中だけだ。普通の人々の多くは、そんなことは気にとめもしない。不当な行為を正当化し、悪事を覆い隠すために利用されているように見えてしまう事実など何の効果もない。この信頼が失われた時代には、その代わりに、もっと多くのことが求められていることを理解しなければならない。さらなる説明、さらなる信頼性、よりストレートな話、さらなる説明責任が求められている。事実を楯にこうした説明を怠ることは、良くて平均点程度の信頼しか築かない。

2 「自分たちの真実」などどうでもいい

大抵の組織は、組織の中だけで通じる価値観を共有しているにすぎない。組織の考えとは、事実、データ、消費者の意見、個人的な経験をもとにつくられた組織の世界観である。ときに、業界用語や、部外者には理解できない略語を使い、組織内でしか通用しない言葉で表現されることもある。私はこれを「自分たちの真実」と呼んでいる。

残念ながら大抵の場合、顧客や批評家、そして一般の人々には、組織の考える真実とは別の真実がある。私はこれを「彼らの真実」と呼んでいる。問題は、多くの組織では「自分たちの真実」

と「彼らの真実」が一致していると思っていることだ。しかしそれは間違っている。つまり、ここで理解しなければならないことは、「彼らの真実」のみが重要ということだ。

一つの例を見てみよう。金融業界の人々とそれ以外の人々が２００９年の金融危機をどのように見たのか、その意識調査である。

他の業界にも、同様な大きな見解の開きはある。政治の世界では、左右の政治思想があるため、このような溝が生まれることは珍しくない。しかし、このようなことがビジネスにも起こりうるとは思われていなかった。企業は顧客を理解し、どのように売るかを熟知して、うまくメッセージを伝えられると信じられていたからだ。しかし、企業で働いてみれば、あなたの世界観は変化する。あなたと顧客の現実の間にズレが生まれるため、アイデアや商品をうまく売れなくなっているのだ。金融サービスから医療、エネルギー、食品や飲料まで、あなたが見る世界と消費者が見る世界はまったく違う。それぞれ別の野球の試合を見ながら、スコアについて議論するようなものだ。

ここに、コミュニケーションにかかわる人々が陥りがちな間違いがある。それは、いったん顧客の世界観を理解すれば、「彼らの真実」を変えられるかもしれないと信じ込んでいることだ。はっきり言お

「自分たちの真実」と「彼らの真実」の違いの例

自分たちの真実（金融業界の見解）	彼らの真実（金融業界以外の見解）
銀行業務に携わる全員が不良債権にかかわっていたわけではない	全員に責任がある
TARP から供給された資金は資本から見ればわずかにすぎない	全部 TARP から供給された資金だ
実際には今も健全な金融機関もある	業界全体として失敗した

＊ TARP ＝不良債権救済プログラム

う、そんなことはできない。もしも、あなたが相手に同意してほしければ、「彼らの真実」を変えようとしてはいけない。むしろ、彼らの世界観を受け入れて、そこに響くメッセージやイメージを見つけなければならないのだ。大企業を例にとってみよう。優秀な人材を役員として引き止めるために数百万ドル（数億円）の報酬を提示することが必要だと、丸一日議論することはできるだろう。しかし、株主や従業員は大幅なコストカットに直面しているのに、役員の報酬だけを上げるべきではないと反論されたら、結局相手の信念に打ち勝つことなどはできないのだから。

3　黙秘権は死んだ

信頼が失われた時代においては、潔白が証明されるまであなたは有罪だ。黙秘は罪を認めることと同じと考えられている。まず自分が主張をしなければ、批判者たちに主張を展開する時間を与えてしまうことになる。タイガー・ウッズがいい例だ。彼は口を閉ざしておけば、女性関係のゴシップなど忘れ去られるだろうと高をくっていた。昔も企業が不正を働くことはあっただろうし、商品がリコールされることもあっただろう。また、ＣＥＯが嘘をついている現場を押さえられたこともあっただろう。しかし、それに関する情報が拡散することはほとんどなかった。情報を入手しようと思えば、新聞を買い、ニュースを見て、友人から話を聞かなければならなかった。しかし、今はそんな時代ではない。オフィスのエレベーター内に設置されたテレビを見たり、オンライン上でニュースを読むことができる。また、音声や動画によるニュースをパソコンやスマートフォンなどで聞いたり、見たりすることもできる。事態の収束が図られる前に、あらゆる情報が瞬時に入ってくる。かつてないほど情報へのアクセスが簡単になっているため、リアルタイムですべてを確認できるのだ。良いものも悪いものも、とりわけ醜悪なスキャンダルほど、早く拡散する。

4　語れるのは一つのストーリーだけ

かつては、マーケティング部が顧客にある説明をし、人事部が従業員に異なる説明をし、ＩＲ部が株主にさらに別の説明をすることができた。実質的にはいずれの話も内容自体は同じなのだが、聞き手に応じて、解雇などの理由をさまざまな角度から説明する企業が多かった。

今では、そんな説明は通用しない。オンライン上では24時間ニュースが流れ、ソーシャルメディアは爆発的に広がり、それによって他部門と連携が取れていない話は通用しなくなった。あなたが誰かに語ったことは別の人にも伝わってしまう。しかも批評家たちは、好んであなたの言葉の矛盾を探し出し、突きつけてくる。

5　あなたは最も信用できない情報源の一つだ

企業の情報がどんなに信頼に足るものだったとしても、それが企業のウェブサイト、企業のプレスリリース、企業の広報から出た情報であるという事実だけで、情報操作されたものではないか、隠れた意図があるのではないかという、うさん臭さを醸し出してしまう。その情報が何であれ、目立つほど疑われるのだ。

6　言葉と態度で表すことが重要だが、より重要なのは態度の方だ

かつては言葉だけで十分だった。企業も政治家も糸を紡ぐように話をつくり出し、それにより危機を切り抜けてきた。あるいはメディアが違う話題に向かうまで、一方的に語り続けてきた。現在、言葉はかつてないほど、その重要性を増している。しかし、言葉だけではもはや足りなくもなっている。私は、企業が上手く、そして確実に、伝えたいメッセージにふさわしい言葉を見つける手助けをしている。しかし、その言葉に行動が伴わない場合には、その言葉は伝わらず、失敗に終わってしまう。米国の大手金融機関であるJPモルガン・チェース、バンク・オブ・アメリカ、USバンコープのような企業のCEOが、米国議会の公聴会に出席して金融危機の責任を認めても、なかなかその言葉は議会の外にいる人々には伝わらない。しかしながら、彼らが自分たちに責任があると信じている姿を、直接にアピールすると、まるで効果が違う。

話のレベルこそ違うが、子どもの頃、親に向かって部屋を掃除すると言っても信じてもらえたのは最初の数回である。結局は、部屋を掃除する姿を見せないと信じてもらえなかったはずだ。人々が見たがっているのは、責任を感じている様子を企業が行動で示すことだ。同じ過ちを二度と繰り返さないように、企業がどのように生まれ変わったかを見たがっているのである。多大なる責任を感じているという、目に見える証拠を見せてほしい、つまり、言葉を態度で表してほしいと思っている。

この目に見える証拠をうまく利用することで、否定的なものと戦うイメージをつくり上げることもできる。正しく行えば、弱みを強みに変えることだってできるかもしれない。たとえば、

銀行や証券会社は、良いものであれば他社のものであっても販売するべきだ。そのような企業であれば、「責任ある銀行」として同業他社と区別されるようになるだろう。同じように、衛生面のスキャンダルに見舞われた食品メーカーは、それを忘れるべきではない。同じ過ちは二度と繰り返さないという決意を多くの人々に示すために、その出来事を利用すべきなのだ。改善のための取り組みを公表し、食品の安全な供給を守るリーダーシップを取っていく決意を表すべきだろう。

口先だけではなく行動で証明する。そうすることで、ポジティブなメッセージを伝え、相手の心に訴えかけられる、意味のある「シンボル」を創出できる。スキャンダルの火事が起こってしまったら、磨き抜かれた言葉を携えて炎の中に進んでいくよりも、水を携えて消火活動をした方が、火事はずっと早くおさまるのだ。

7　組織を象徴する「何か」がなければならない

これまで以上に企業は、多くの人の目に自社のブランドがどのように映っているかを積極的に考えねばならない。優秀な販売実績や注目の成長株という謳い文句に頼れば、かつてはうまくいったかもしれない。しかし、今そんなことをすれば、消費者の怒りを買うだろう。信頼が失われた時代に成功する企業は、利益になること以上に価値のあることを追求しなければならないからだ。善良なことをし、世間に還元し、責任を全うしなければならない。そうでなければ、金銭的に成功したとしても、後にしっぺ返しを食らうことになるだろう。

ポジティブなブランドイメージを既に持っている企業もある。ヘルスケアの総合メーカーである、ジョンソン・エンド・ジョンソンといえば、巨大な多角経営の企業だが、まずはベビー用品を連想させるのではないだろうか。「家族」、「高い品質」、「ケア」という言葉を連想する人もいるだろう。大小を問わず、家族が必要とするものを提供してきた歴史がこの会社にはある。同社が扱う商品は、文字通り、消費者に安心と信頼を提供している。会社としては多くの問題に直面しているかもしれないが、ジョンソン・エンド・ジョンソンという強力なブランドにはポジティブなイメージがあり、そのイメージのおかげで、同社には「疑わしきは罰せず」という免責が与えられている。

しかし、ジョンソン・エンド・ジョンソンは、製薬業界においては異質な存在だ。この業界は多くの人命を救っているにもかかわらず、業界全体や企業のイメージをポジティブなものにする努力をしてきたとは言いがたい。製薬会社の商品のおかげで、私たちは新しい命の誕生と、質の高い生活を謳歌している。それにもかかわらず、製薬会社はいつも四方八方から非難され、当局による規制も徐々に厳しくなっている。なぜだろうか？　おそらく、製薬会社は自分たちの商品そのものが、企業の価値を代弁してくれると思っていたのだろう。つまり、商品を売れば企業の良さは自然と伝わると考えて努力を怠ったがため、消費者の信頼も失ってしまったのだ。昨今、製薬会社について話題にすれば、間違いなく彼らの収益状況、テレビコマーシャルの内容、薬の副作用などが話題にのぼる。しかし、製薬業界が薬の効用をいかに向上させてきたか、ということはあまり話題にならない。製薬業界が世界中の人々に貢献してきたというポジティブなイメージをはっきりとつくり上げてこなかったために、その収益の良し悪しだけで判断されるようになってしまったのだ。もはや今となっては、自分たちが伝えたいポジティブなストーリーを語るのがとてつもなく難しくなってしまったことを、彼らも十分に認識している。

ポジティブなブランドイメージは、質の高い商品やサービスからではなく、経営手法から生まれることがある。スターバックスは従業員を大事にする企業として、健康志向の高い品揃えが豊富なスーパーマーケットのホールフーズは環境問題と従業員の福祉に取り組む企業として、全米に路線を持つ大手航空会社サウスウエスト航空は人々を目的地に届けるだけでなく、優れた顧客対応をする企業として、マイクロソフトは（ゲイツ財団を通して）積極的に慈善活動を推進する企業として、格安航空会社であるジェットブルー航空は従業員が緊急事態に遭遇した場合に備えて以前のＣＥＯと二人の役員が給料を基金に寄付し、顧客の信頼を勝ち得た企業として、知られている。

これらのポジティブなイメージは、お金によって生み出されたものではない。もちろん、いずれも大きな成功と利益をおさめた大企業だが、製薬業界が直面しているような困難には遭遇していない。この信頼が失われた時代に、彼らは利潤の追求以上に重要なことがあるという、確固としたイメージを伝えることによって力強いブランドイメージを構築できたのだ。

私の会社は「重要なのは、あなたが何を語るかではなく、顧客が何をどのように捉えるかである」という信念のもとに設立された。これほど明快な考え方が、今ほど必要な時代はない。信頼が失われた時代には、「何」を伝えるかのみならず、「どのような方法で」伝えるかも重要なのだ。

古いルールはもはや通用しない。コミュニケーションのための新しいアプローチ、不信に満ちた人々に語りかけるためのアプローチが求められている。メッセージを伝えたい相手の関心や悩みを的確に捉える「信頼を勝ち取る言葉」を使わなければ、あなたが望む結果や必要なサポートを手に入れることは難しいだろう。

2
はじめにまず言葉ありき

良質な商品を売りたいのに、その商品の恩恵を最も受けられるはずの顧客は話を聞いてくれない。そんなとき、一体どうすればいいだろうか。

あなたは間違ったことは言っていないのに、相手はあなたを信頼してくれないようなとき。またたは、悪いニュースが流れてしまって、その情報を訂正しなければならないようなとき。そんなとき、私たちはどうすればいいだろうか。

こんな疑問とストレスを抱えた数多くの人々が、私のもとを訪ねてくる。たとえば、二酸化炭素排出量や生態系に与える影響を最小限にとどめるためにあらゆる努力をしているのに、いまだに環境を破壊する悪い企業だと思われている会社。商品の安全性を最優先しているのに、たった一つの悪いニュース、それも科学的確証がないニュースによって疑いの目を向けられてしまった会社。役に立つ商品を売っているのに、誤った思い込みを持たれ、うまく販売できない人々など。

「信頼を勝ち取る言葉」は、メッセージを伝えるのが難しい場合でも耳を傾けてもらえる手助けをしてくれる。営業マンであろうと、企業の重役であろうと、一個人であろうと、これは同じだ。人々の不信感を拭い、耳を傾けようとしない人々にも振り向いてもらえる言葉を探し出すための仕事に長い間、私は携わってきた。この経験から気付いたのは、適切な言葉というのは、実はいつもそこにあるということである。ただそれを見つけるだけでいいのだ。その適切な言葉を使えば、たとえば、氷で覆われた寒い北極近くに住むイヌイットたちにも、氷を売ることができるかもしれない。もし無理でも、少なくとも、寒い中で耳当てを外して、あなたの営業トークを聞いてくれるかもしれない。適切なメッセージとは、話し合いの機会を得るために支払う料金のようなものである。この信頼が失われた時代には、何をどのように語ればいいのかを知ることが第一歩であり、そうすれば、あなたが出した招待状が他の郵便物の中に埋もれてしまうことはない。

もちろん、信頼されるメッセージをつくり出すには、言葉だけでは足りない。そこには理念や行動が伴わなければならないからだ。とは言え、「はじめにまず言葉ありき」である。「信頼を勝ち取る言葉」を手にすれば、この新しい時代に成功する鍵を手に入れることになる。

信頼が失われた上に、24時間いつでも大量の情報にアクセスできるようになった現代では、あなたの話を聞こうとしない消費者が増えている。Ｗｉｎｄｏｗｓ派かＭａｃ派か、ペプシ派かコカ・コーラ派かなど、消費者はほぼすべての事柄に対して自分の意見を持っている。それは、彼らが生涯を通じてつくり上げてきた個人の世界観から生まれたものだ。つまり、彼らが求める情報、耳を貸す情報のほとんどは、彼らが既につくり上げた信念と齟齬がないものであり、それ以外には耳を貸そうとはしない。

情報を取捨選択する方法をチェックしてみよう。新聞、雑誌、ＲＳＳフィード（複数サイトの更新状況がわかり、素早く情報収集できるシステム）、ブログ、ツイッターのタイムライン、ケーブルネットワーク、フェイスブックのファンページ等々。これらすべてが、消費者としての「あなた」が欲しいものを提供してくれる。あなたは、聞きたいニュースを聞いて、買いたい商品の広告を見て、あなたの興味を引くテレビ番組だけを見る。今やニュースと情報は、車や服よりもはるかに自分に合ったものを取捨選択できるようになっている。聞きたくなければ、何も聞かなくていい。耳障りなら、チャンネルを変える。「迷惑メール報告」ボタンをクリックする。それで終わりだ。

消費者には選択肢が増え、企業のメッセージを拒絶し、文句を言い、黙らせることができるようになったのだ。消費者と会話をし、自分たちが望む方向に会話を誘導したければ、新しい言葉を学ぶしかない。それは戦略的で、真実味がある言葉でなければならない。あなたが見つけなければならないのは、コミュニケーションを成立させるための「真実の場」である。そこでは「聞き手」が信じていることと、「あなた」が語っていることが同じ土俵の上にある。このような共通の足場があってはじめて、あなたは不信に満ちた人々とも信頼関係を築くことができるのである。

「信頼を勝ち取る言葉」は、相手の立場に立った言葉である。私のもとを何度も訪ねてくる人々は、当然相手に伝えたいメッセージを持っている。しかし、そのメッセージは彼らが言いたいことを単純にそのまま表現したものにすぎないため、相手が聞きたいかどうかにはほとんど配慮されていないことが多い。「信頼を勝ち取る言葉」とは、メッセージを伝える側の言葉ではなく、聞く側の目線に立った言葉である。つまり、相手のニーズや関心、不安、ためらい、必要としている真実や情報などを取り入れた言葉だ。

数十年前の広告に、独立系の保険外交員が真剣な表情でカメラを見つめ、「クラム＆フォスター（Crum & Forster）の保険をお求めになりたいと思っても、場合によっては、お売りできないかもしれません」と語りかけてくるものがあった（顧客に本当に適したもの以外は売らないという究極の顧客目線をアピールするメッセージが込められている）。彼は狂っていたわけではなく、実は時代を先取りしていた。常に顧客の視点に立っていたのだ。

２００６年にジョンソン・エンド・ジョンソンが行った鎮痛解熱剤タイレノールのキャンペーンもまた、人々を驚かせるものだった。使用方法を守れなければ、商品を手にしないでほしいというものだったのである。タイレノールの販売代理店の副社長ブレンダ・バスが、コマーシャルに登場し、カメラに向かって語りかけた。「酷い頭痛を抱えて、薬の服用量を増やそうと考えている人もいるかもしれません。しかし、そうしたところで頭痛が早くおさまるわけではありません。しかも、どんなに安全な薬でも、飲みすぎれば深刻な問題を引き起こす可能性があります。皆様の健康が最優先ですから、もし決められた量以上の薬を服用するくらいなら、むしろ服用を控えていただきたいと思っています。それで弊社の売り上げが落ちたとしてもかまいません」[4]。このコマーシャルによって売り上げが落ち込むどころか、むしろ、タイレノールの販売代理店は愛する家族の健康を守る責任ある企業だと評判を上げた。

不信感を拭うためには、目先の利益を度外視しても顧客の視点に立って語りかけなければならない。私たちは今、「誰でも自分を高くする者は低くされ、自分を低くする者は高くされる（自分こそが正しいとうぬぼれている人間は低く評価され、謙虚な心を持つ人間は高く評価される）」という聖書の教えに新しい意味を見いだす時代にいるのである。

サウスウエスト航空の成功を例にとってみよう。長年の実績のある民間航空会社が軒並み赤字となり、倒産が相次いだときのことだ。競合他社が非常に悔しがったのは、この時期にサウスウエスト航空だけが利益を上げ、成功をおさめたことであった。同社が開業以来大切にしてきたのは、単なる独りよがりな顧客サービスではない。同社が重点を置いたのは、顧客の意見に耳を傾けることだった。ただ乗客をA地点からB地点に運ぶのではなく、最安値、最短時間、かつストレスのない空の旅を提供したいという思いがあった。また、サウスウエスト航空での旅の思い出を楽しいものにしてもらおうと小さな工夫も行っていた（彼らの株式コード（stock symbol）がLUV（ラブ）であり、コーヒーカップのマドラーがハート形をしているのもそのためである）。従業員が顧客の立場に立って物事を考えた結果、会社の業績は好調となり、株主にも還元することができたのだ。

「信頼を勝ち取る言葉」は、聞き手に選択肢を与える言葉である。営業マンの目的はもちろん、アイデア、商品、ブランドを売ることである。しかし、あえて売らない、ということが効果的な場合もある。人々の意思決定のプロセスが、これまでとはまったく違ってきているからだ。商品を買ってほしいのなら、客観的な情報を与え、それをもとに相手に判断してもらうことが最も近道だ。昔ながらの押し売り的な営業手法は、今ではもう通用しない。顧客の不信感を募らせるだけで、成約に結び付けることはますます難しくなってしまう。そもそも、商品価値があるものを売ろうとしているというのが、本書の前提ではあるが、商品価値に自信があれば、あなたの商品やアイデアを競合相手と同じ土俵で競わせればよい（客観的な情報に基づき比較してもらえればよい）。そこで、あなたの商品やアイデアが勝利を手にしさえすればよいのである。

『私を信頼してください』と言う人は信頼できない」という言葉は、この時代にしつこくものを売ろうとすると、どんな問題を招くかということを的確に言い表した言葉だ。信頼してほしければ、「私を信頼してください」とは絶対に言ってはいけない。このような表現は他にもある。たとえば、金融業界では、優秀な営業マンほど商品そのものの説明をあまりする必要がないということが私たちの調査でわかった。顧客とはじめて会うときには、「株式」「年金」「投信」という言葉は使わない方がいい。むしろ、信頼関係を築くことに力を注ぐべきだ。そう考えると、商品を勧め、それを買ってもらうのは二の次になる。商品を売りたければ、まず信頼を築き、そのあとで、押し付けがましくならないように情報を提供し、顧客に決めてもらえばいい。

さて、さらにもう一歩進んで考えてみよう。商品やサービスの品質が良いだけでは、ものは売れない。それらを表現する言葉を工夫しなければならない。私たちが調べたところ、変額年金の販売の際に顧客に「保証します」という言葉を使ったり、投資家に対して「投資しないことがリスクになります」というような表現を使ってしまうと、必ず否定的な反応が起きることが判明した。なぜだろうか？　このような言葉が不信の引き金となるからだ。昔ながらの大げさな宣伝のようにも聞こえるだろうし、脅して買わせようとしているようにも聞こえるだろう。いずれにせよ失敗する。

これとは対照的に、同じ人でも「あなたの資産の一部を守るための選択肢の一つにすぎません」という表現で話し始めれば、消費者は耳を貸してくれることもわかっている。「選択肢」という表現は、選択権を消費者に委ねるし、「一部」という言葉は、新しい金融商品に投資するハードルを下げるものだ。このような言葉を使えば、資産運用アドバイザーは、ベストな選択肢を見つけてくれる「同志」として受け入れられるだろう。しかしながら、そもそも利益度外視で、バカ正直に、いろいろなことを話してくれる企業などありはしない。たとえば、有名なコーヒーチェーンであるスターバックス、タリーズ・コーヒー、シアトルズベスト、カリボーコーヒーのバリスタ（注文を受けてコーヒーを入れる人）に、どこのカフェラテが一番かと聞いてみるといい。自分たちのカフェラテが一番だと言うに決まっているではないか。

では、バリスタの一人が「信頼を勝ち取る言葉」を読んでいたと仮定しよう。また、そのバリスタの上司も「信頼を勝ち取る言葉」を知っていたとしよう。そうすれば、きっと違う返答をしたはずだ。バリスタは、自社のカフェラテの長所短所だけではなく、他社のカフェラテについても詳しく述べるだろう。スターバックスは季節ごとにジンジャーブレッドラテを提供しており、カリボーコーヒーにはフローズンのオプションがある。地元の喫茶店も教えてくれるかもしれない。このように公平で、事実に基づいた形で情報を提供すれば、顧客はあなたの話に耳を傾け、あなたを信頼するだろう。他のビジネスでもまったく同じことだ。

あなたのビジネスに話を転じるならば、まず競合相手の長所を紹介することから始めるといいのではないだろうか。大手デパートのノードストロームなど、まさに同様の手法を用いている企業もある。サイズ、ブランド、色など、顧客が求める商品がなければ他店を紹介してくれるのだ。同社が大切にしているのは、顧客の満足であり信頼関係であって、販売そのものではない。一見、耳を疑いたくなるようなこうした営業テクニックによって、景気の影響を受けることのない、持続的な成長が可能になるのだ。

もし、競合相手の長所を紹介するのがおかしい場合であれば、中立的な情報を与えることで、消費者が自ら判断できるようにするとよい。商品について事実を説明し、あなたの技術とサービスの限界を話す。自分が競合相手よりも優れている点も伝える。そのあとは、一歩引いて、判断を委ねるのだ。

「信頼を勝ち取る言葉」には、裏付けがある。信頼が失われた時代に、誠実で信頼できそうに見せるためには、本当に誠実で信頼できる行動を取ることが必要だ。本書のテクニックをいくら上手に使っても、言葉だけで行動が伴わなければ、自分自身の信頼も、会社としての信頼も、あっという間に失われてしまう。

言動の不一致は火に油を注ぐようなもので、相手の不信感をさらに大きく燃え上がらせてしまう。既に述べたように、言葉と行動の両方で示すこと、特に行動の方が重要なのだ。あなたが信頼に値する理由を行動で示すのだ。素晴らしい商品や落ち度のないサービスを提供し、「顧客第一主義」をつらぬく姿勢を見せる。そうすれば、相手はあなたのメッセージに耳を貸してくれるだろう。

中古車修理ビジネスで最も成功したオーナー企業で、ニューヨーク州のロチェスターを拠点とするモンロー・マフラーブレークを例に挙げてみよう。モンロー・マフラーブレークと同様に、誠実さを謳ったスローガンを持つ他社も多い（同社のスローガンは、「あなたが必要なものだけ、適切に修理することを保証します」）。一方、同社が他社と違うのは、従業員が守るべき行動項目を明確にリスト化して、各店舗に「モンロー・ドクトリン（モンロー社訓）」として貼り出している点だろう。その中には、次のような項目が含まれている。

- 担当技術者とその上司がそれぞれ個別に自動車を検査し、お互いの検査結果に同意を得ること。
- 修理に取りかかったあとに見つかった問題については、まず修理をしてよいかどうか承認を得ること。
●同じ仕事であれば、30日間は、最安値保証で提供すること。

モンロー・マフラーブレークの従業員は、実際にこの通りに行動している。単純に宣伝のために掲げられた情報ではない。そこにあるのは、行動に裏付けられた、信頼できる情報だけだ。第二次世界大戦終了後、時代は宣伝の時代となった。スローガンや主張（声が大きければ大きいほどよかった）が人々の購買意欲をあおってきた。しかし、信頼が失われた時代には、顧客がお金を出す前に、あなたがお金（誠意）を見せなければならない。つまり行動だ。言葉の重要性は増しているが、行動は言葉以上にものを言う。モンロー・マフラーブレークのように、メッセージを伝えるときには実際に行動してからそれを説明することが必要だ。そうすれば、あなたの言葉は信頼されるだろう。

「**信頼を勝ち取る言葉**」**は、欠点を認める言葉である**。信頼を損ねるものといえば、もちろん、欠点である。しかし、もう欠点を隠せる時代ではない。信頼が失われた時代を生きる、不信に満ちた消費者は、友人に尋ねたり、インターネットで検索したりと、買って後悔する前にできることは何でもやり、欠点を暴こうとする。セカンドオピニオンや第三者の感想・評価などを得る手段が日々増えている。つまり、商品や企業に関する悪い情報は既に世の中に出回っており、それを否定することは賢明ではないということだ。「信頼を勝ち取る言葉」は、商品も企業も完璧ではないかもしれないが、それでも顧客を引き付け、満足させることができるものでなくてはならない。実際に、欠点を明らかにすることで信頼を築ける場合も少なくないのである。

過ちは人の常である。それでも、欠点を認めることは勇気がいるだろう。幸い消費者は、商品や企業が完璧であることを求めていない。彼らも完璧ではないし、完璧なものなど買ったこともないだろう。だから、あなたにも完璧は求めない。不信に満ちた消費者は、完璧だと誇大広告をする商品を手に取るどころか、それにまったく興味を示さない。欠点を認めなければ、あなたは彼らにとって「自分とは関係のない人」になってしまい簡単に信頼を失ってしまうのだ。

反対に悪い点を認めれば、どのようにそれらの問題を解決して前に進もうとしているかを伝えることができる。自社商品のリコール問題やニューヨークタイムズの一面に載った暴露記事、またはアマゾン・ドット・コムの一ツ星評価などを包み隠さず明らかにした上で、失敗から学び改善していきたいと思っていることを示すのだ。失敗を認めて前進しようとする姿を見せるならば、再び信頼を取り戻し、以前よりも誠実な企業として受けとめられるだろう。これを考えすぎだと思うならば、就職の面接でおなじみの「あなたの長所と短所を挙げてください」という質問を思い出してみるといい。面接官は、優等生の回答（「私はきちんとしすぎていることがあります」）などは求めていない。彼らは、仕事での失敗を自覚しているのかどうかが知りたいのだ。あなたがその欠点を認め、受け入れて、改善しようとしているかどうかを見たがっているのである。

長いものには巻かれろ

「このブランドのスープは買ってはいけない」「このシリアルは最高」などのメモを顧客が自由に貼れる食料雑貨店を知っているだろうか。アマゾン・ドット・コムである。アマゾン・ドット・コムは、消費者同士が会話をできるコミュニティとして、あの巨大なオンライン上の店舗をつくり出している。オンライン上で商品を評価するというシステムがもたらした革命は、マーケティング担当者が自社の商品やサービスについて何を言おうと、それが「ワン・オブ・ゼム（たくさんの意見のうちの一つ）」でしかなくなったということだろう。今では人々は、コンピューター、自動車、旅行など高額の商品を買う前には、必ずオンライン上にあふれる評価をチェックする。この時代の流れは、瞬く間に私たちが買うあらゆるものに及んだ。たとえば、先日、イピニオンズ・ドット・コム（全米最大の消費者による感想・評価サイト）で、1978年に出版された子ども向けのある本に30人もの人が評価とコメントをつけた。アマゾン・ドット・コムでは、家庭用アイロンに1000件を超す評価がついた。あなたがまだ、商品の誇大広告に効果があるという思い込みにとらわれているならば、実際の消費者の意見にたたき潰されてしまうかもしれない。しかし、客観的な情報を提供すれば、消費者との対話が成り立つチャンスが広がるのである。

「信頼を勝ち取る言葉」は、反対意見を受け入れる。昔は、営業といえば、「反対意見をねじ伏せること」であった。顧客が話し、あなたは一応それを聞いたふりをする。そのあと、彼らの不安を払拭するためにさまざまな理由を挙げる。たとえば、「お客様に必要なのは自動車の安全性です」とか、「お客様が求めているのはカロリーが少なくて、おいしいものですね」などと言っていたかもしれない。しかし、信頼が失われた時代においては、この話術は通用しない。もし今日、顧客の質問や疑問に対して「お客様に必要なものはこれです」などと言おうものなら、すぐに相手にされなくなるだろう。

今日、多くの人は、「承認」を求めている。これは、「反対意見をねじ伏せる」のとは真逆の行動である。あなたが不安を抱くのも当然ですね、と言ってあげることが大切だ。聞いたことを理解して、相手が欲しがっているものを尋ねること。「承認」とは、顧客となるような人々とつながりを持ち、対話をするための鍵となる新しい方法である。

たとえば、あなたが生命保険の外交員になったと仮定し、顧客になってくれそうな女性がいたとしよう。彼女が、「まだ若いのに、多額のお金を生命保険に使うなんてバカげているわ」と言ったとする。それに対して、昔ながらの営業のやり方では、相手の意見にきちんと耳を傾けることなく、生命保険がいかに役立つかを理路整然と説明し、反対意見をねじ伏せようとするだろう。あなたはこう言うかもしれない。「お客様に必要なのは……」「お客様が求めているのは……」。信頼が失われた時代に、このようなやり方をすれば、ウォール街の貪欲な禿鷹と同じだと見なされ、とても味方だと見てはもらえない。

そんなやり方は捨て、相手の言うことをきちんと聞いて、不安に思っていることを理解することが大切である。たとえば、かつてあなたが金銭的な決断を迫られたとき、あるいは生命保険について学び、それが必ずしもすべての人にとっていいものではないということを知ったとき、あなたも彼女と同じように感じた、という自分の経験を語るとよい。そうした「承認」の後に、たとえわずかな生命保険でも、もしものときに家族に安心をもたらすかもしれません、と伝えるといい。

そうすると、あなたが攻めて彼女が守るという構図は急になくなる。二人の間には、彼女のために何がふさわしいかを話し合っているという関係ができ上がる。相手の心配を承認し、事実と情報を提供することによって、相手が正しい決断ができるようにしてあげることが重要だ。

例として、医療制度改革を見てみよう。あなたは米国のような国家が、手ごろな価格で質の高い国民皆医療保険制度を採用しないのは、大きな誤りだと考えているとしよう。一方で、医療制度改革に断固反対する人もいる。その人は、人々は医療を受ける権利ではなく、保険に入るかどうかを選択できる権利を持つべきだと考えている。このあとに続く会話を想像してみよう。国民皆医療保険制度に反対している人の意見をねじ伏せるために、あなたは事実や数字を挙げたり、他の国の例を挙げたりして説明するだろう。相手の話を聞くことより、自分が話すことに多くの時間を使う。一方、相手も一歩も引かず、結局はけんか別れしてしまうはずだ。

そこで「承認」という発想が求められる。相手の考えが間違っていて、あなたの考えが正しいのだと説得することではなく、二人が共有していること、両者の意見が一致していることを見つけるのだ。おそらく、二人とも今日の米国の医療費はあまりにも高すぎるし、その多くが間違った使い方をされていると考えているはずである。そのような共通点をもとにすれば、生産的な対話（無駄を削減するなど、お互いの意見が一致する対話）を始めることができる。

これら二つのケースで、あなたは新しい言葉、つまり「相手の」言葉を使い、信頼関係を築いている。「誤った」「もっと良い」「反対の」などの言葉ではなく、「合理的な」「理解できる」「重要な」など、相手の関心をつかむような言葉を使い、共通の土台からスタートしているのだ。そのようなやり取りをしているうちに、あなたは一つの考え方に固執する人間から、相手と同じ世界の人間、彼らの体験を追体験する人間へと変わっていくだろう。こうして信頼をもとにした人間関係が築かれるのだ。

新しい営業方法――反対意見にうなずく

スコット・ウェストは、高級ブランドのかばんを買った。彼が何年も信頼してきたブランドである。しかし、以前はスチールでできていた部分が、今回はゴムに変わっていた。スコットがこの点について文句を言うと、販売員はこう答えた。「私は、この種のかばんを何年も販売しております。私もこのことに気付き、確認したところ、飛行機に持ち込める荷物の基準が変わったため、重量などとコストのバランスを図ろうとして変更を行ったということがわかりました。ですが、お客様が何をお買い求めになるのかについては、お客様の判断を尊重いたします」。このように、偏りのない情報を伝えることで、このブランドはすぐにスコットの信頼を取り戻すことができた。実際に、彼はかばんを購入したのである。

この販売員は嘘偽りなく話し、正確で事実に基づく情報を提供し、買うかどうかを顧客の判断にまかせている。これは、多くの販売員が決して行わないことだ。顧客の視点に立ち、顧客の意見を代弁することによって、文句を信頼に変えることに成功したのである。

>>>不信に満ちた人々を引き付ける方法

あなたのメッセージを受け取る人には、楽観的な人々から悲観的な人々までがいる。そのちょうど中間にいるのが、不信に満ちた人々である。

- 楽観的な人々はわかりやすく、メッセージを伝えやすい。しかし、今やこのような人々はいなくなりつつある。
- 悲観的な人々もまた、ある意味では、メッセージを伝えやすい。しかし、彼らは極度にマイナス思考なので、一般的にはつながりを持とうとせずに、避ける方が賢明だ。もし彼らがあなたの意見に反対なら、あなたが何を言っても、それを変えることができないからだ。
- 不信に満ちた人々は、私たちの大多数のことを指している。物事に対して、当然の疑問を投げかけてくるし、しっかりとした事実や情報を集めるまで判断を下さない。このような人々こそが、あなたのターゲットである。

不信感を抱くことは当たり前なことであり、それにうまく対応することは十分に可能である。あなたが目標とすべきなのは、メッセージを信頼してもらうために必要な次の４原則に従って、彼らと生産的な対話を交わすことである。

「パーソナル化せよ」
「わかりやすい言葉で語れ」
「ポジティブであれ」
「真実味を持たせよ」

これらの原則が示しているのは、これまでとは根本的に違う、不信感の拭い方である。これが本書の核心だ。「反対意見をねじ伏せる」のではなく、相手の意見に耳を傾け、情報を提供すること。以下は、次章で詳しく述べる４原則を簡単にまとめたものである。

パーソナル化せよ（Be Personal）

２００８年の米大統領選挙の際、バラク・オバマが民主党大統領候補に選ばれ、ヒラリー・クリントンが選ばれなかったのにはいくつかの理由がある。おそらく一番の要因は、オバマが「私たち」に何ができるかというメッセージを送った一方で、クリントンは「私」には何ができるかというメッセージを送ったということであろう。大統領予備選挙の間に行われた演説の内容を分析してみたところ、オバマが「私たち」という言葉を使った回数は、「私」という言葉を使った回数のおよそ六倍であることがわかった。ちなみに、クリントンは、オバマとは逆に「私」という言葉を多用した。オバマのスローガンは「Yes, we can(そうだ。私たちにはできる)」であったが、クリントンは「strength and experience to make change happen（変革を起こす力と経験）」（途中でころころ変わったスローガンの一つ）であった。オバマが国民一人ひとりを選挙キャンペーンに巻き込み、投票することよりも大きな役割を与えたのとは対照的に、クリントンは、米国国民の未来のためというより、彼女自身のためのキャンペーンを行ったのである。

アイデア、商品、または自分自身を売り込もうとする場合、まず私たちが何を持っているかについて話す必要がある。そしてそれは、相手にとっても必要だったり、同意できるようなものでなくてはいけない。しかし私たちは、自分たちが何を売りたいかに集中しすぎて、相手がそれを必要としているかどうかについて考えないことが多い。

私たちの言葉は内向きになり、会社という閉鎖社会の中で独自の発展をしてきた。たとえば、組織の中で働いていない人にはまったくわからない略語がある。組織内部の人間には大きな意味があるが、ターゲットとする顧客にはまったく意味を成さないものが多い。

しかし、聞き手である顧客は、メッセージや商品、サービスが、自分たちにも直接理解できるものであることを望んでいる。信頼が失われた時代の消費者は、自分の好みに合わせてカスタマイズした自動車を運転するし、レストランでメニューの変更を要求することにも決して躊躇しない。特別にカスタムメイドされたスニーカーを子どもの誕生日プレゼントとして贈り、スターバックス、ダンキンドーナツあるいはマクドナルドではカスタマイズされたコーヒー（たとえばエスプレッソ四杯、ビッグサイズ、豆乳を使ったものなど）を注文し、ピンクのｉＰｏｄ（後ろにイニシャルが彫られている）に自分が好きな音楽だけを入れている。そして、ケーブルテレビ会社には、なぜ視聴していないチャンネルにも料金を支払わなければならないのかとクレームをつける。このように、人々が消費するもの、つまり、買うもの、着るもの、飲むもの、食べるもの、すべてが何らかの形で個人用にアレンジされている時代に、私たちは生きているのだ。多くの消費者は電話の着信音が一種類しかなかった時代を知らないし、クレジットカードにかわいらしいイラストが施されていなかった時代を知らない。このような「自分仕様」に慣れた消費者の要求度合いは高くなっている。商品やサービスを提供する企業に対して、さらに多くのものを求めるばかりでなく、メッセージを伝えようとするあなたにもさらに多くのことを要求するだろう。すなわち、パーソナル化されたメッセージを求めるのである。

あなたのメールボックスに毎週届く広告メールを思い出してみよう。削除するのに５秒以上迷うだろうか。私が調査した人々と同じように、あなたはすぐに「迷惑メールを報告する」をクリックするだろう。このようなメールはカスタマイズされていない、つまりあなたに向けられたものではないからである。

次に、自分自身の売り込みについても考えてみよう。あなたが応募者を面接していると仮定しよう。彼は建設チームの配管工の仕事を希望している。きちんとした身なりをし、人の目を見て会話することができ、あなたとしっかり握手をする。しかし、あなたが彼のスキルと将来の目標について尋ね始めると、つまらない返事しかしなくなる。たとえば、「私はチーム・プレーヤーです」「風呂場のシンクの取り付け技術を向上させたい」など。特に間違ったことは言っていないのだが、彼はあなたの求めることについて何も語っていない。もし彼が本書からヒントを学んでいたら、「専門知識を生かして御社に貢献できます」などと、あなたの会社に即した話をし、自分を雇えば会社にどのような利益があるのかを述べただろう。つまり、聞き手であるあなたに合わせて、メッセージをパーソナル化したはずだ。このように少し変えるだけで、仕事の依頼が来るか、門前払いを食らうか、運命が分かれるのである。

パーソナル化が重要なのは、「なぜそれが私に必要なのか」という疑問に答えられるからだ。パーソナル化のおかげでその問題がなぜその顧客にとって重要なのか、その商品がその顧客に対してどのように役に立つのかを理解しやすくなる。こんな当たり前のことが、ずっと見過ごされてきたのである。しかし、これが信頼を築くために大変心強い道具の一つになるはずだ。

わかりやすい言葉で語れ（Be Plainspoken）

医療制度について語るジョン・マケイン上院議員と、元下院議員ニュート・ギングリッチ、それぞれの言葉を下の表にまとめた。あなたはどちらの話を信頼するだろうか。どちらの言葉に、より説得力があるだろうか。この問題に目を向けさせ、解決により意欲的なのはどちらだろうか。より感情に訴えかけてくるのは、どちらだろうか。

おそらくあなたは、私が調査した人々と同じように、ニュート・ギングリッチを選ぶだろう。すぐに行動を起こすべきだと呼びかけているこのメッセージは、きわめてシンプルだ。わかりやすい言葉には説得力があり、普遍的である。たとえ賛成か反対のどちらの側に立つとしても、「命を救い、医療費を安くすることは重要である」、というメッセージについては同意できるだろう。少なくとも、彼の言葉はあなたの注意を引き付け、話を聞かせる。

一方、なぜジョン・マケインは２００８年の選挙で負けたのだろうか。マケインのメッセージは、ギングリッチと同じような内容で筋が通っている。しかし、「条件体医療保険プール」などの意味がはっきりしない専門用語を使ったために、敗北したのである。この発言だけではなく選挙を通じて、マケインは個人に訴えかけることをせず事実と論理に頼り、人間味のある方法で問題を取り上げることができなかった。まるでロビイスト（圧力団体の利益を政治に反映させるため

2008年の選挙における2人の言葉

ジョン・マケイン	ニュート・ギングリッチ
「30以上の州に『条件体医療保険プール』があり、20以上の州に、保険に加入できない病人に請求される保険料について、制限を設けるための法整備の計画がある」	「人命を救い、医療費を安くするために、健康保険制度の改革は急務だ。制度を改革し、今すぐ使えるテクノロジーを駆使すれば、毎年数千人の人命を救うことができる。だからこそ、急いで断行すべきなのだ」

に、政党・議員・官僚などに働きかけることを専門とする人々）のような話し方をしたのである。これには成功する要素がまったくない。

最近まで、人々は洗練された言葉こそが信頼される言葉だと考えていた。しかし、今では、専門用語や事実をちりばめただけのスピーチは人の胸を打たない。あなたが自分の知性をひけらかしても、人々はあなたを信頼しない。むしろ脅し文句を言っているように感じたり、騙そうとしているのではないかと考えるだろう。

信頼が失われた時代にメッセージを伝えたければ、専門家のような話し方をせずに、専門性を感じさせなくてはならない。詩人のウィリアム・バトラー・イェイツはかつてこう語った。「賢人のように考え、凡人のように語れ」。もしイェイツが今生きていたら、数多くのツイッターのフォロワーがおり、きっとこの信頼が失われた時代にふさわしいやり方で、メッセージを伝えていたことだろう。

信頼を築くために必要なのは、明確さである。明確さがなければ、混乱とストレスが生じてしまう。そうなってしまえば、あなたが話す言葉は、聞き手の耳に入らないだろう。

わかりやすい言葉で話せないと……

船に乗るのが大好きなゲイリー・デモスは、わかりやすい言葉を使うことの重要性を学ぶのに、高い代償を払った経験がある。ゲイリーがまだ船に乗り始めたばかりのある日、きわめて強い6ノットの海流が押し寄せた。彼は買ったばかりの新しい船を船着き場に入れるのに大変苦労していた。そのとき、隣人のベテラン船乗りが彼の船に飛び乗り、助けようとしてくれた。

ゲイリーは舵を取っており、彼の妻と子どもも船に乗っていた。その隣人は、取るべき進路を航海用語を使って彼に指示した。「左舷（port）、右舷（starboard）、船尾（stern）、補助エンジン（thruster）！」。ゲイリーは舵を取りながらその意味を理解しようとしたが、あまりに早口で、しかもたくさんの航海用語で指示されたため、意味を取り違え、杭に突っ込み、その隣人の船と衝突してしまったのだ。わかりやすい言葉を使うのがいかに大切か、この教訓を学ぶのに1万5千ドル（約150万円）も支払ったのである。

この場合、わかりやすい言葉が使われなかったために、船の衝突事故が起きた。これと同じようなことは、わかりづらい言葉で顧客に語りかけようとするときにも起こる。彼らは、あなたほど商品や問題をくわしく見ているわけではないので、あなたが思う以上に知らないことが多い。だからこそ、あなたが話している言葉がわかりやすいかどうか、外部の人物にチェックしてもらうことがきわめて大切なのだ。そうしてはじめて、どこでお互いの理解に差が生まれるのか、知ることができるだろう。

ポジティブであれ（Be Positive）

あなたが8歳に戻って、食卓に出されたホウレンソウやエンドウ豆の皿を眺めながら、魔法でそれらが消えてしまえばいいのにと真剣に願ったとしよう。しかし、もちろんそんなことは起こらない。仕方ないので、こっそり犬に食べさせようとしたところ、母親があなたの方を振り向き、こう言う。「野菜を食べなさい。そうしないと、デザートをあげないわよ」。

8歳にして、私たちはみんな不信に満ちた人々の予備軍だったのだ。恐怖をあおる商法や強引な営業トークにうんざりし、同情や共感、情報を求めていた。なぜホウレンソウとエンドウ豆を食べなければいけないのか。もしそれが体にいいならば、なぜこんなにまずいのか。なぜ、アイスクリームでは駄目なのか。母親にも、「お母さんもエンドウ豆は嫌いだよ」と言ってほしかったし、野菜が健康にいい理由やアイスクリームをほどほどにしなければいけない理由を教えてもらった上で、選択肢を与えてほしかった。野菜を半分食べたら、アイスクリームを半分食べていいなどの選択肢を。

こと細かに説明すると、さすがに8歳の子どもは混乱してしまうであろうが、今、私たちはそういった説明を欲し、要求しているのだ。信頼が失われた時代には恐怖をあおり押し付けるようなやり方は、ポジティブなメッセージを使うもっと強力なやり方に負けてしまうのである。

ここで、変額年金への投資を呼びかけるメッセージを二つ比べてみよう。変額年金とは、利払いの保証と元本成長を組み合わせた金融商品である。まず、次のような恐怖をあおる営業トークを見てみよう。

私は金融機関に販売員として勤め、今年で13年、いや、ほぼ14年がたち、変額年金がいかにお客様の役に立つかを肌で感じています。２０００年に、大勢の方々が定年を迎えました。私の母もその一人です。母はとても一生懸命働き、資産を築いてきました。しかし、２０００年に、たった一年間で資産の20％を失いました。三年後には、投資した資産の半分を失いました。その結果、失った資産を埋め合わせるために、母は今も働いているのです。私はお客様とお話をするときに、この私の個人的な経験を話し、いかに変額年金が大切かをお伝えしています。変額年金は、通常の投資とは異なります。あなたの資産を守る保険の役割を持ち合わせた投資なのです。変額年金に投資をしておけば、数年後にどんなに景気が落ち込んでも、失った資産を埋め合わせるために、老後まで働く必要などないのです。

一見すると、この論理は筋が通っているように思われる。しかし、私たちの調査によれば、この話し方では必ずしもうまく伝わらないことが判明している。これは、昔ながらの「恐怖をあおる」やり方で、話し手の言葉から耳を遠ざけてしまうといった結果を招く。恐怖や動揺をあおるようなやり方でものを売ろうとする人から何かを買いたいと思う人は、少なくなってきている。ホウレンソウとエンドウ豆の記憶を私たちは忘れていないのだ。

しかしながら恐怖をあおる商法は絶対にうまくいかないかというと、そうとも言い切れない。

政治資金や組織票集めなど、既にあなたを支持している人々を対象とする場合に限っては、うまくいくこともあるだろう。しかし、不信に満ちた人々を説得するのには効果がない。行動経済学に基づく調査によれば、誤った選択をするかもしれないという不安が、人々を投資から遠ざける主な理由となっている。恐怖をあおるやり方は、投資をしようという意欲を起こさせるどころが、人々を無気力にしてしまうのだ。確信がないことをするくらいなら、何もしない方がいい、ということである。他の多くの場合にも、このような反応が共通して見られる反応である。

信頼とはあなたが使う言葉によって創り出されるものである一方、恐怖をあおるような言葉によって簡単に壊されてしまうものでもある。もし不信に満ちた人々にメッセージを伝えたいと望むなら、自分が売りたいものではなく、顧客や消費者が聞きたいことを語らなくてはならない。

年齢を重ねるにつれて、リスクを取ることに消極的になるのは当然です。市場の予測が難しい中、定年が近づくにつれて、定期預金や国債など、より安全性の高い投資先に資産を移す方が多くいらっしゃいます。しかし用心しすぎると、老後に資産を増やす機会を逃してしまうかもしれません。変額年金は、インフレのリスクを管理するのに役立つ他、インフレ以上に資産が増える機会を与えます。変額年金は、最初に投資した額が、毎年一定の率で増える保証が付いた商品です。市場の動向にかかわらず、あなたの資産は確実に増えていくのです。

このメッセージには「信頼を勝ち取る言葉」の要素がちりばめられている。話の内容が、リスクについての話から、利点についての話に変わっているのだ。じっくり読めば、通常の営業アプローチとは異なっている点に気付くだろう。この商品を買わない人が多い理由も正直に認めているし、偏りがない客観的な情報を提供し、読み手に判断を委ねている。老後に資産を失うという脅し文句もない。競合商品との恣意的な比較もない。誇大広告もない。あるのは事実だけだ。しかも、重要なのは、ポジティブな事実であるという点だ。

真実味を持たせよ（Be Plausible）

「アーキテクト」：私が設計した最初のマトリックスは完璧そのものだった。欠点のない、美しい芸術だった。しかし、この成功ははじめから壮大な失敗に終わる運命だった。というのも、すべての人類は、はじめから不完全だからだ。故に、私は人類の歴史に基づいて、マトリックスを設計し直し、人間性の不完全な部分を余すところなく反映させたのである。

『マトリックス リローデッド』（２００３年）

本書の読者で、マトリックス三部作（映画『マトリックス』『マトリックス リローデッド』『マトリックス レボリューションズ』）を見ていない方々のために、そのあらすじを紹介しよう。機械が世界を支配し、捕らえた人間からエネルギーを補給している。彼らは人間を生かしておき、その脳内で偽りの現実を見せて人間を「満足」させる。主人公のネオは、その世界、つまりマトリックスの正体を知り、そこから脱出をする。「アーキテクト（設計者）」が最初につくった世界は完璧すぎたため、そんなユートピアを現実だと思う人間はいなかった。人類の歴史とは生と死、成長と破滅、信頼と裏切り、喜びと苦しみ、成功と失敗のバランスで成り立っている。だからこそ、誰かが完璧な何かを約束しても、それを鵜呑みにすることはできない。

人間には、現実に適合するものを求める本能があるため、効果的なメッセージを用いて現実と理想との間を埋めなければならない。良い商品でないと買ってもらえないが、あまり良く言いすぎても買ってもらえない。それではどうすればいいのか。結局のところ、それが真実味があるかどうかが重要になる。

信頼が失われた時代に、真実味があるかどうかは、さらに重要になっている。人々の間に不信感が増しているのは、私たちがあまりにうまくできすぎた話などあり得ないとわかっており、拒絶するようになっているからだ。幅広いテーマについて何千という調査をした結果、信頼は真実味のある言葉の上に成り立つということがわかった。真実味のある言葉は、次の四つのルールに基づいている。

過剰な売り込みはしてはいけない。あなたが売ろうとしている商品は、本当に「最高級」で、「一番環境に優しく」、「最高品質」だろうか。過剰なアピールをして不信感を抱かれるよりも、表現をおさえておきながら実際には商品が相手の期待を上回っているという方がいいだろう。

極論に走ってはいけない。共和党と民主党は物事に白黒をつけるのが好きだ。ケーブルテレビのニュース番組も、両党どちらか一方の見解に基づき、ターゲットとする視聴者に合ったニュースを放送している。しかし、人々がアイデアや商品を売ろうとする相手のほとんどは、白と黒の間のグレーな見方を持っている人々である。問題を大げさに言うことは、何かを強調するために、長年使われてきたテクニックだが、それは最初から自分の意見に同意してくれている人にしか通じず、それ以外の人を遠ざけてしまうだけである。

選択の余地を残す。金融商品やエネルギー政策など、何かを人に売り込もうとするとき、どうすれば一番真実味を帯びるだろうか。それは、あなたが勧めるものだけが選択肢ではないということを伝えることだ。変額年金が魅力的に感じられるのは、それがさまざまな金融商品の「選択肢の一つ」にすぎないと明言されたときであり、バイオ燃料がもっと受け入れられるようになるのは、エネルギー問題を解決する「手段の一つ」にすぎないと理解されるときである。

誰もが知っている欠点を認める。原子力発電所の安全性を例に挙げてみよう。現実に即して言うならば、原発は１００％安全だとは決して言わないことだ。そんなことを言った瞬間に、誰もあなたの話を聞かなくなる。むしろ、信頼を築くために、次のように率直に言うことだ。「１００％安全なものなどありませんが、原発は、予期しない事故に備えて十分な対策をとっています」。

>>>原則を行動に移す

あなたの言葉を変えるということは、難しいことだ。私がアドバイスをしている企業やメッセージの伝え手の多くは、自分たちの伝えたいことに必死なため、一般の人々の視点から物事を判断することができなくなってしまっている。「信頼を勝ち取る言葉」は、あなたの本能に逆らうものなのかもしれない。また、商品の安全性や規制など、さまざまな問題を昔ながらのやり方で解決しようとする多くの企業にも、受け入れがたいものかもしれない。しかし、「信頼を勝ち取る言葉」は、誇張や専門用語を使って売り込みができた時代から、正直と誠実がすべての新しい時代への移り変わりを物語っている。

2009年の後半から2010年の初頭にかけて発生した、トヨタ自動車の大量リコール問題を思い出してみよう。2010年2月9日、トヨタ自動車の社長である豊田章男は、『ワシントン・ポスト』紙に手記を掲載し、不具合を謝罪した。これは会社として再発防止にどう取り組むのかを説明したもので、品質と安全に対する遺憾の意と会社を擁護するためのいくつもの事実が示されていた。今も多くのトヨタ製の自動車が走っていること、これまでトヨタ製の自動車に安全性の問題が発生したことはほとんどないこと、そして会社としてさらなる品質向上につとめることなどだ。

穏当な謝罪だったが、謝罪の冒頭と結論部分（最も強調されるべき部分）は世間の見解とはまったく異なる事実に基づいていた。そのため『ワシントン・ポスト』紙には怒りの投書が殺到した。この数日後に開かれた聴聞会での豊田社長の証言も同様に、米国国民に深い失望と驚きを与えた。

これを、格安航空会社であるジェットブルー航空が数年前に取った対応と比べてみよう。2月に寒波が発生したため、ジェットブルー航空の何千人もの乗客が滑走路に9時間も足止めされ、方々から批判が集中した。しかも、その数日後にも多くの運航上の問題が発生し、乗客のみならず、米国国民全員の怒りに火がついてしまった。

ジェットブルー航空の当時のＣＥＯ、デイビッド・ニールマンは、一般的な謝罪文を出したり、怒る乗客に払い戻しをしたりするのではなく、これまでどんな航空会社もしたことがないようなやり方で謝罪をした。それが「ジェットブルー航空お客様権利章典（運航上の不具合が起きたときにいかに対処するかをまとめたもの）」である。この権利章典は、15都市に展開される20の新聞で、一ページ全面を使って掲載された。ＣＥＯが署名した手紙が添えられており、ジェットブルー航空が今回の事故を「恥ずかしく思い」、「深く反省している」ことを示した。

ジェットブルー航空は、コントロールできない天候を言い訳にすることもできただろう。しかし、そうはしなかった。過失を認め、あらためて顧客第一主義につとめていくことを発表した。

この二人のリーダーが、危機を乗りこえるためにとった方法はまったく異なっていた。一方が成功し、もう一方は失敗した。その理由を理解するために、二人の言葉を比べてみよう。彼らの使った言葉こそが、その差をつくったのだ。まず、豊田社長が『ワシントン・ポスト』紙に掲載した手記からの抜粋を見てみたい。

　70年以上前、トヨタ自動車は、シンプルですが力強い信念のもとに、自動車産業に参入しました。世界で最も品質が高く、最も安全で、最も信頼される自動車を造るという信念です。我が社は、常にお客様のニーズを第一に考え、自動車の品質向上を最優先してきました。過去20年間、米国で販売したトヨタ製の車の80％が今も車道を走っているという事実がそれを証明しています。

消費者の皆様がトヨタ製の車を買われるとき、ただ車やトラックを購入していただいているだけではありません。我が社に、信頼を置いていただいているのです。しかしながら、ここ数週間で明らかになったのは、トヨタ自動車は自らが設定した高い基準を満たしていなかったということです。そして、それ以上に重要なのは、皆様が期待される基準を満たしていなかったということです。深く遺憾に感じるとともに、お詫びを申し上げます。トヨタ自動車の社長として、私の責任を痛感しています。我が社のメッセージ、我が社の商品の信頼を回復するために自ら率先して企業努力をしてまいります（以下略）。

しかしながら、偉大な企業というものは、過ちから学びます。私たちは、顧客の皆様の信頼を取り戻すために、最初に信頼をいただいた価値に忠実でありたいと思います。数十万の人々が世界中のトヨタ自動車の工場で働いています。北米にも17万2000人の従業員とディーラーがいます。我が社の従業員は世界最高のチームの一つであります。たとえどんな問題が社内で起きようと、それを改善する力と行動力が我が社にはあります[5]。

では次に、ジェットブルー航空の2007年当時のCEOデイビッド・ニールマンの言葉を見てみよう。

親愛なるジェットブルー航空のお客様へ

この度の件について、私たちは大変申し訳なく、恥ずかしく思い、深く反省をしています。先週は、ジェットブルー航空の7年の歴史の中でも、運航上、最悪の1週間となりました。米国北東部で激しい寒波が発生したため、多くの皆様を足止めし、遅れが生じ、フライトがキャンセルになってしまいました。皆様や、皆様のご家族、お友だち、同僚の方々の不安、ストレス、ご不便を大変申し訳なく思う気持ちは、言葉では語り尽くせません。何よりも悲しく思うのは、我が社を選んでいただいた皆様に空の旅を楽しく快適にお過ごしいただくという、ジェットブルー航空が創業したときにお約束したことを守ることができなかったことです。先週はこのお約束を実行できませんでした。

私どもの大切なお客様に誠心誠意を尽くし、皆様の信頼を回復できるよう即座に対応策をとってまいります。既に包括的な改革を実行に移し始めており、皆様にこれまで以上に頻繁に適時情報をご提供し、乗務員にはさらなる教育を施し、運航に不具合が生じたときに備えて新たな対応策を講じてまいります。さらに、私どもはジェットブルー航空お客様権利章典（運航上の不具合が起きたときにいかに対処するかをまとめたものです）を発行しました。ここには補償の詳細も記されています。詳しくお知りになりたい方は、jetblue.com/promiseをご覧ください。

先週、皆様は快適な時間をお過ごしになるはずだったところを、失望させてしまいました。皆様の信頼を取り戻すことが喫緊の課題です。今一度皆様をお迎えし、快適なジェットブルー航空を体験をしていただける機会がありますことを心より願っております[6]。

感情に訴えるという意味で、違いがあることにお気付きだろうか。「言葉」という視点から見ると、その違いは明白である。次の言葉に注目してみたい。

●豊田社長の話は、消費者についてではなく、商品と自社についての話から始まっている。一方、ニールマンCEOの話は、冒頭からいかに「深く遺憾に」感じているかを表明し、消費者の「皆様」を落胆させたことを認めている。

●豊田社長は、自社がどのような歴史を持ち、どのように発展してきたかに話を逸らして、事故を小さく見せようとした。世間が感じていたすべての疑念を否定しようとしたのだ。一方、ニールマンCEOは顧客が感じたストレスを小さく見せようとはしなかった。むしろ、顧客の怒りを受け止め、彼らと同じ視点に立とうとしたのである。

●豊田社長の話は、自社に始まり、自社に終わった。品質基準、威信を回復することに全力を注ぐ、などだ。一方、ニールマンの話は顧客に始まり、顧客に終わった。何が悪かったのか責任を持って認識し、それを改善すると誓ったのだ。

本書から学ぶべき点を一つだけ挙げるとすれば、それは、不信感にあふれるこの時代、かつてないほど言葉は重要になっている、ということだ。大事なのは、あなたが何を話すかではなく、相手がどのように捉えるかである。トヨタ自動車の言葉は、自社のための、自社についての言葉である。現在よりも過去、消費者よりも自社、「あなた」より「私たち」を優先したのだ。一方、ジェットブルー航空は「信頼を勝ち取る言葉」を話した。消費者の視点、話を聞いている人たちの視点に立って話したのである。ジェットブルー航空は、連邦議会よりも二年半以上も前に、乗客の権利章典を発行したのである。

＊１　映画『エリン・ブロコビッチ』（２０００年）巨大企業を相手に史上最大級の集団訴訟に勝利した実在の人物、エリン・ブロコビッチの活躍を描いたヒューマンドラマ
映画『クライシス・オブ・アメリカ』（２００４年）一人の将校が華やかな政界の裏で渦巻く国家的陰謀に立ち向かうサスペンス
映画『ウォーリー』（２００８年）29世紀に地球に一人置き去りにされたゴミ処理ロボット、ウォーリーが活躍するファンタジー
映画『ハッピーフィート』（２００６年）南極に暮らす皇帝ペンギンたちの世界を歌と踊りで綴るファンタジー・ミュージカル

第2章
信頼されるメッセージを伝える4つの原則

言語はあまり変化しないと思われがちだ。たとえば、私たちはシェークスピアの小説で使われているような古い時代の言葉はもう使っていないにもかかわらず、言葉や文章構造が、成長を続ける有機的でダイナミックなものだということを忘れている。言葉は時代とともに多様化し、変化する。ものの呼称にも移り変わりがあり、たとえば〝stewardess（スチュワーデス）〟や〝secretary（秘書）〟という言葉は時代遅れであり、中古車販売店は〝used-car lot〟ではなく、〝certified pre-owned car dealerships〟と呼ばれるようになった。また、言葉の意味そのものも変化する。たとえば、〝artificial（人工の）〟という言葉はかつて技芸に富んだという意味で使われていたし、〝nice（素敵）〟な人は無知な人を指し、〝demagogue（民衆をあやつる扇動者）〟は人気のある指導者として定義付けられていた。私たちの言葉の使い方と解釈には、こうした些細だが重大な変化が起こっている。

私たちは調査によって、言葉にも賞味期限があることを発見した。単語そのものは永久に残るとしても、その単語の持つ意味は移り変わり、言葉の構造と会話の性質も劇的に変化する。そして最も重要なのは、聞き手自身が常に変化しているということだ。

信頼が失われた時代において時代遅れにならないためには、言葉の使い方とコミュニケーションの方法を学ばなければならない。私たちは、情報の消費者として何度も目にしてきたような、おなじみのコミュニケーション方法にはずいぶんと慣れてしまっている。図々しい営業トークには耳を貸さず、これを買わなかったらあなたの将来は台無しだと脅す人を笑い者にし、営業マンや政治家の指図に無視を決め込む。しかしこうしたコミュニケーション方法にも、相手を説得することに成功してきた長い歴史がある。

かつて人々は専門家や小難しいものを崇め、交わした約束を信じ、脅し文句を本気にしていた。しかし今求められるのは、事実に基づいており、シンプルであることだ。過去に通用していたようなメッセージやコミュニケーションの方法は、この新しい法則に基づいて見直されるべきである。なぜなら「信頼を勝ち取る言葉」は、そうした見直しによって生み出されるのだ。

第2章では、信頼されるメッセージを伝える4原則、「パーソナル化せよ」「わかりやすい言葉で語れ」「ポジティブであれ」そして「真実味を持たせよ」について詳しく述べる。この4原則は、この10年間にわたる幅広い調査プロジェクトから導き出されたものだ。たとえば医薬品とエネルギーについて、テクノロジーと飲料についてでは、伝えたいメッセージは大きく異なる。しかし、この4原則は分野や業界、あるいは話題を問わず適用することができる。もちろん、これらがあらゆるプロジェクトに当てはまるとまでは言わないが、調査によって導き出されたこれらの4原則には一定程度の普遍性があるということが、本書の執筆を決めるきっかけとなっている。

4原則はそれぞれ独立した個別のものではなく、相互に深く関連している。従って、4原則のうち複数の原則を上手に組み合わせることで、効果的なメッセージができ上がる。言い換えれば、あなたが一つの原則だけしか適用しなかった場合は、十分効果的なメッセージはつくれない。他の原則を無視して一つの原則だけを使っても、うまくいかないのだ。たとえば、非常にポジティブではあるものの、それが真実味に欠け、わかりにくく、聞き手に寄り添っていない（パーソナル化されていない）言葉なのであれば、否定的な言葉を使うよりもむしろうまくいかないであろう。

3
パーソナル化せよ

パーソナル化するための原則：
何よりも相手のことを
最優先

信頼を築くための4原則のうち、最初の原則である。商品やアイデアを売るということは、あなた、もしくはあなたの会社が何を売りたいかということとはまったく別の話であることを受け入れなくてはならない。すべては「相手」次第であり、「相手」が何を信じ、考え、求めているかが最重視されるべきなのだ。「相手」の立場に立ったコミュニケーションを行わないと、信頼を得るのはきわめて難しくなるだろう。

ここ10年ほど、一部のマーケティング担当者たちは一対一のマーケティングを提唱してきた。それは、あたかも企業が自分のために何かを考えてくれていると感じるようなマーケティングのことである。顧客にはそれぞれ好みがあるため、むやみにアピールするよりもその人の好みに的を絞る方がよいというのが根本的な考え方だ。しかし、それをわかっていながらも、ほとんどのマーケティング担当者や営業マンたちは、メッセージを相手に合わせてパーソナル化することを、怠ってきた。テレビで流れるコマーシャルを見てみると、大衆一人ひとりの違いに着目するものではなく、固定観念に基づき、人々を類型化した形で見せているものばかりだ。郊外で暮らす主婦、スポーツに夢中な中年男性、夕日に向かってボートを漕ぐ老夫婦……。また、ＩＲＳ（アメリカ合衆国国税庁）から届いた封書を開けると、そこにはあなたの名前ではなく、「納税者の皆様へ」の文字が。あなたも、何かを売ろうとしてくる人と話をすれば、気付くだろう。彼らのほとんどが、せいぜいあなたが生きていることと、お金を持っていることぐらいしか見ていないということを。

メッセージをパーソナル化するということは、人々を類型化するのでなく、各人の個々の状況に合わせて話すということだ。それはつまり、人類が抱える大きな問題よりも、その人が抱える小さな問題に着目することであり、目に見える悩みに適当に相づちを打つのではなく、相手の状況を理解しているのだとはっきりと伝わるような言葉を使うことである。それにはまず「耳を傾ける」ことから始めなければならない。

パーソナル化の考え方自体は新しいものではない。たとえば、個人名で呼ばれることは、少人数制のセミナーや、ホテルのフロントなどで経験できることだ。しかしパーソナル化をいざ実践しようとすると、そう簡単なことではない。メッセージを伝える人は、相手が何を聞きたいかを考える代わりに、しばしば自分が言いたいことに集中してしまう。相手にとってどういう利点があるかではなく、自分が話しやすい話題や商品についてばかり話をしてしまう。相手が関心を持つべき理由についての説明を怠っているのだ。本当はそれが一番大切なのにもかかわらず、である。

信頼関係を築くのに必要なメッセージのパーソナル化には、四つの要素がある。

●**身近に感じさせる。** たとえあなたが何かを重要だと思っていても、相手も同じように思うとは限らない。あなたが、靴や最新のソフトウェアについて関心があったとしても、それが相手にとっても一番の関心事とは限らない。あなたの最初の仕事は、伝えるメッセージと相手を関連付けることだ。

●**わかりやすく具体化する。** タクシーの利用者にとって、ある町に一万台の流しのタクシーが走っているという事実と、タクシーを捕まえるまでの平均的な待ち時間が4分であるという事実のどちらを知りたいだろうか。おそらく待ち時間についてだろう。なぜなら、あなたにより関係がある、具体的な情報だからだ。

●**人間味を持たせる。** 世の中には、自分自身の個人的な話をまったくせず、ただ事実を述べるだけの話をしようとする人が多すぎる。もし相手に商品や議論への興味を持たせたいならば、まずは自分の個人的な話をして、話に人間味を持たせることだ。

●**当事者意識を持たせる。** 不信に満ちた人々があなたから離れていってしまうのは、あなたのメッセージが契約書を読むかのごとく淡々と聞こえるからだ。信頼を築きたいなら、お役所言葉を減らし、自分が信頼する人に語りかけるように本物の言葉で語ることが大切だ。

>>>身近に感じさせる

私はここ数年間、コンサベーション・インターナショナル（ＣＩ）という、環境問題に取り組んでいる国際環境ＮＧＯと一緒に働く機会があった。20年以上もこの事業に取り組んでいるＣＩでさえ、世界に蔓延する不信感に打ち勝つためにどのようなメッセージを発信すべきかという問題に直面していた。ＣＩが長年取り組んでいる活動に、「生物多様性の保護」というものがある。私たちが行った調査では、この壮大な目的について、多くの人々から以下の二つの反応があった。一つは「生物多様性とは一体何なのか？」というもの。もう一つは「自然保護は動物や森のためのもので自分には関係ない」というものだ。不信に満ちた人々は「生物多様性の保護」を自分とは関係ないことと受け止め、ＣＩが取り組みへの協力を呼びかけてもいとも簡単に拒否したのだ。こうした結果を受け、会議を重ねるうちに私たちは、ＣＩが見失っていたものは、実は「身近に感じさせられているかどうか」なのだと気が付いた。問題をより多くの人々と関連付けるために、ＣＩは環境保護問題を人間に結び付けなければならなかったのだ。そこで私たちは言葉を換えた。エコシステムの必要性と生物多様性の保護の緊急性を説く代わりに、環境と私たちとの距離をより近づけることによって両者を関連付けたのだ。

ＣＩのウェブサイトをのぞいてみてほしい。今では環境と人々との距離がとても近くなっていることがわかるはずだ。キャッチコピーは「人類の繁栄には自然が不可欠だ」である。彼らの使命は、次のように述べられている。「地球上にいる人々は皆、健全な環境と自然がもたらす利益を享受する権利がある。しかし私たちの星、地球はかつてない資源不足に陥っており、自然と自然からの贈り物――安定した気候、新鮮な水、綺麗な海や安全な食べ物――を守ることによってのみ、より良い生活を守ることができる」[7]。

メッセージを伝える際に落とし穴にはまる人は、自分のレンズを通して世の中を見ており、商品やアイデア、商品の機能を相手が身近に感じるように関連付けることを怠っているのだ。自分が価値があると考える物事に対して、相手も同様に考えるとは限らない。相手の視点から自分が売っているものを見て考え、なぜ自分がこのような話をしているのかを相手に伝えることが大切なのだ。

１９９４年と２００９年の医療保険制度改革についての論争からは、メッセージを伝えるために「身近さ」がいかに重要かという教訓を学ぶことができる。どちらの論争が行われた時点においても、「国民皆保険」導入のための改革を実現するには、まだ時期尚早だった。しかし、これらの論争の中で、米国には膨大な人数の保険未加入者がいるという事実や先進国で唯一国民皆保険制度がないという事実を示すことによって、興味深いことに多くの米国人が保険未加入者のことを気にかけるようになったのだ。

人々にとって国民皆保険よりももっと重要だったのが、自分の保険を失うことだった。保険未加入者が存在することよりも、保険加入者である自分が無保険の４７００万人の仲間入りをするかもしれないということが、人々に理屈抜きの恐怖を与えた。その結果、２００９年以降、討論の場で国民皆保険という用語は使われなくなった。その代わり、医療保険制度改革のメッセージを人々に身近に感じてもらうために、現在の保険制度には自分の保険を失うかもしれないというリスクがあること、医療保険制度改革が実現すれば失職や病気によって保険を失うリスクがなくなることについて話されるようになった。

話を簡単に拒否し聞かなくなる不信に満ちた人々に対して、このような関連付けの必要性はとりわけ大きい。他のマーケティング担当者たちが競って不信に満ちた人々の注意を引こうとする間、あなたは自分のメッセージと相手を関連付け、つながりを感じてもらう作業をするべきだ。そして、不信に満ちた相手のためになる情報を提供すればよいのだ。

>>>わかりやすく具体化する

２００５年に米国南東部を襲った大型のハリケーン・カトリーナの災害後、ニューオーリンズ市の観光業界から、観光客を街へ呼び戻す手伝いを依頼されたことがある。洪水から数カ月たっても、主要な幹線道路が腰の高さまでがれき交じりの水につかっているという様子をメディアが報じていたこともあり、それは簡単な仕事ではなかった。街には復興のためにやらなければならないことが山のようにあったが、しかし実は復興作業が進んでいる部分もあり、アピールすることができる点も多々あった。ニューオーリンズの観光業界は、商品やアイデアを売り込もうとするときと同様に、街が復興を進めていることを示す事実をリストに書き出した。しかし、彼らに足りなかったのは、それが何を意味するのかを人々が理解できるよう、わかりやすく具体的に示すことであった。そこで私たちは不信に満ちた人々を引き込むため、事実をパーソナル化する作業を行った。ここにいくつかの例を示そう。

下の表を見てほしい。左の「ただ事実を伝えるだけのデータ」を見ても人々はこう言うだろう。「へえ、そうなんだ。一万台のタクシーが走っていたとしても、私はタクシーを捕まえられなかったよ」。あるいは「2万5000人のスタッフといっても、以前と比べたらほんの一部にすぎないかもしれないし、サービスは良くない可能性があるよね」。一方、「パーソナル化されたデータ」はこうした疑惑を取り除き、不信に満ちた人々にデータをより真剣に受け止めさせる働きをする。

さまざまな資料を作成するときに大切なのは、そこに記載する事実、要項、証拠などが、いかに相手にとって身近で意味深いものかを具体的に示せるかどうかなのである。

>>>人間味を持たせる

扱う商品が無機質であったり、あるいははっきりとした実体

データを身近にする言い換え例

ただ事実を伝えるだけのデータ	パーソナル化されたデータ
現在ニューオーリンズの街を約1万台のタクシーが走っている。	ニューオーリンズでは、タクシーの待ち時間は、平均4分である。
現在ニューオーリンズには2万5000人のホテル従業員がいる。	現在、宿泊客1名当たりホテル従業員が2名いる。
9割のホテルでルームサービスが利用可能となっている。	ルームサービスは24時間利用可能である。

がない場合、売り込みは難しくなる。商品開発チームは顧客の意見を反映させたつもりでも、結果的には普通の商品のままか、「ちょっと特長がある」程度にすぎないというのはよくあることだ。皮肉なことに、最終商品に近づくほど、初期の消費者調査により導き出されたはずの顧客ニーズからは遠ざかってしまうことが多い。さらに問題を悪化させているのは、商品やアイデアの売り込みにもマニュアル化が強いられることだ。マニュアル化をすることによって、組織内部の工程や、その文化を反映した社内用語がつくられる。そして顧客とのコミュニケーションの段階にたどりつくまでに、顧客の存在を見失ってしまう。その結果、人々に伝えるメッセージも、その開発までの工程をただ反映したかのように、内部の専門用語がそのまま使われている場合が多い。しかも商品開発チームは、自分たちにとっての重要事項を確実に世間一般に伝えたいと望んでいるのだ。

医療業界はいい例である。

「人間を助ける業界なのに、使われる言葉に人間味がない」という医療業界への批判がある。下の表に、医療関係者が患者から自分自身を遠ざけるために使っている、人間味に欠ける用語

医療関係者がよく使う専門用語

こう呼ぶ代わりに…	こう呼んでいる
ドクター（Doctors）	プロバイダー（Providers）
ナース（Nurses）	プラクティショナー（Practitioners）
ホスピタル（Hospitals）	デリバリーシステム（Delivery systems）
ヘルスコンディション（Health conditions）	インディケーション（Indications）
ステートメント（Statements）	EOB（EOBs）
ヘルスケアカンパニー（Health care companies）	ペイヤー（Payers）
ヘルスインシュランスプラン (Your health insurance plan)	PRO, HSA, HMO（PPOs, HSAs, or HMOs）

のごく一部を紹介しよう。

ポイントは、医療業界が自ら専門用語を使うことで一般の人々を遠ざけているということだ。これこそが、私たちが医療関係者を好きになれない理由なのだ。実はこのような専門用語は、まったく必要とされていない。医療とは、医者と患者をつなげるものである。一般人と医療問題をつなげるためのメッセージは、「あなた」「あなたの家族」そして「あなたの健康」に関する話として組み立てなければならない。信頼を再構築するため、この業界がしなくてはならない最も大切なことは、すべてを患者側の言葉で話すことだ。

信頼を構築するためには、病院のみで通用する言葉ではなく、一般社会で通用する言葉を用いることが必要だ。マクロ経済や国家統計の話をするのではなく、個人的なストーリーを話すことが必要だ。何百万もの人々に影響がある話より、あるたった一人の当事者に関連がある身近な話をした方がよっぽどよい。

インフラのパーソナル化

インフラ。その言葉自体、無機質である。あなたは自分の「インフラ」のことが心配ではありませんか？　そう聞かれたら、答えはＮｏであろう。では、あなたは自分の「家」のことが心配ではありませんか？　と聞かれたらどうだろう。おそらく、答えはＹｅｓであろう。どちらの言葉も同じことを指しているが、一方には人間味があり、もう一方にはあまりない。

インフラプロジェクトへの新しい投資について、世間から賛同と支援を得るために、私の会社にはここ数年間さまざまな組織からの依頼があった。そこでわかったことは、「インフラ」という用語は、ひいき目に見ても中立的な言葉にすぎない（決して良いイメージは持たれない）ということだ。多くの場合、政府の無駄遣いやどこへもつながらない橋など、ネガティブなイメージにとられてしまう。問題は、インフラが我が国の大部分で劣化していることだ。2007年にミネソタで起きたケースのように橋が崩れ落ちてまではいないまでも、我が国は劣化した道路、学校、水道管だらけである。一方、米国人の多くは、それらを修復するためにお金を使うべきではないと考えている。

インフラがまったくパーソナル化されていないのには、この問題が私たちの生活の問題ではなく、建築の問題として捉えられてきたという背景がある。人々は道路や橋が荒廃している事実を嘆きはするが、行動を起こすのは、自分の日常生活への影響を考えたときだけである。そこで私たちは、橋がどれだけ古いかということや、水道設備を直せない場合にどれだけ悲惨な状況になるかということについて話すのではなく、もっと身近な話をしてきた。もし移動時間を減らすことができたり、自宅やビーチでの水質汚染の影響について心配しなくてよくなったりすれば、どれだけ自分たちに利益があるのかを考えるよう求めた。その結果、この問題に非常に高い関心を持ってもらうことができ、変化を起こすことで人々の生活を良くできるということに、厚い信頼を得ることができた。

専門用語で話さずに人々にとって身近な言葉を使う理由として、人々が自分の経験と結び付けやすくなる、という点が挙げられる。医療ミス訴訟にかかわる中で気付いたことだが、急増する医療ミス訴訟に伴う費用の増加により、医療の継続ができなくなるかもしれないという話をしても人々はあまり反応を示さなかった。しかし、中西部地域に住む多くの人々は、自分の地域の医師が医療ミス訴訟とその費用に対する恐れから地域を去ってしまったということを実際に経験している。この問題に関するメッセージを有効に伝えるための具体的な事例を次にご紹介しよう。

心に響く言葉

オハイオ州で有名な乳がんのスペシャリスト、レイチェル・ジョンソン医師は、賠償責任保険料の高額化を理由に今年引退した。ジョンソン医師自身は訴訟の対象になったことは一度もなく、早期診断がものを言うこの医療分野で非常に惜しまれている。ジョンソン医師の患者の一人はデイリーニュースにこう語っている。「彼女の引退のせいで助からない女性が出てくると言っても、大げさじゃないわ」。優秀な医師が、今いる地域では良い医療を提供できないので別の地域に移っていくような現状は、どこか間違っている。必要な医療を求めて遠くまで行かなければいけないような、私たちの医療を取り巻く環境はどこか間違っている。緊急時に患者がすぐ行ける場所で必要な医療を確実に受けられるようにする最良の方法は、医療を取り巻く環境を改革し、ジョンソン医師のように医療現場を重視する医師が、地域で医療行為を続けられるよう計らうことだ。

メッセージを身近なものにするためにあなたがすべきこととは、事実や政策に物語性を持たせることだ。そうすることで、相手を引き付け、相手のニーズを本当に理解していると信じてもらえるはずだ。

>>>当事者意識を持たせる

政治家や有名人が記者会見で声明文を読み上げている場面を思い出してみよう。あるいは、企業の経営者が紙を見ながら新しい方針を読み上げている場面でもいい。このような会見で、信頼感を植え付けるのに成功したためしはない。それにもかかわらず企業は、弁護士が好むような小難しい言葉で書かれた声明文を出している。私は元弁護士の立場として、広報の声明文は法的責任を回避する必要があるという点は尊重する。しかし、メッセージを伝えるプロの立場からは、現状のやり方はあるべき姿ではないと断言できる。たとえ困難な状況にあったとしても企業はメッセージを伝える際に「人間味を持たせる」必要があり、それは経営者も同じだ。信頼を築くためのコミュニケーションは、それが信頼するに足る人格を持った個人、あるいは事業体により行われていることを明示しなければいけない。それは「台本を無視する」ことや「議論の枠を超えていく」ことになるかもしれないが、それこそが今まさにあなたがすべきことなのだ。

感情のない存在ができ合いの台本を読んでいるように見せるのではなく、自分の会社や自分自身に実体を持たせるのだ。自分たちの行動の動機を説明し、ゴールの輪郭を描くのだ。

また、生身の人間として、信頼を築くための最も有効な手法は、「あなたが」や「私が」と言っていた言葉を「私たちが」「私たちの」へと換えることだ。この単純な変更で、自分と相手を同じ立場に立たせることができ、会話全体の印象を変えられるだろう。

人員削減時においても、信頼を築く

組織縮小を討議するミーティングの場で、どれだけ信頼を築くことができるだろうか？　実は、正しい言葉で心を込めて話せば、多大な信頼を得られる場合もある。

ボストンにあるベス・イスラエル・ディーコネス医療センターは、他の医療施設と同様に、約2000万ドル（約20億円）もの赤字に直面していた。その額は、通常何百人にも及ぶ人員削減を意味する。CEOのポール・レビーは病院の廊下を歩きながら、現場の従業員が、車いすを押し、食事の世話をし、病室を掃除する際においても、常に、患者の気分が良くなるよう手助けをしている姿を見てきていた。彼の目には、その従業員たちの行動は医師による治療と同等に素晴らしいものに映った。そして彼は従業員で埋め尽くされた講堂に立ち、迫りくる人員削減問題について次のように語った。

「私は、ある考えを持っており、それを皆さんの力で実現させたいと思っています。その考えについて、皆さんの意見を聞かせてください。私は、運転手、清掃員、給食サービススタッフなど、収入が少ない従業員たちを守るために、できる限りのことをしたいと考えています。彼らの多くは本当に熱心に働いており、私はこれ以上の負担を彼らに押し付けたくないと考えているのです。今、もし彼らを守ろうとすると、残りの人たちがより大きな犠牲を払わなければいけません。つまり、給料や福利厚生をさらに削減しなければならないということです」

残りの言葉は、聴衆からの鳴りやまない喝采によってかき消された。そしてその後の数日間、自分たちや自分の部署の経費削減案を書いたeメールがレビーのもとに大量に寄せられた。より多くの人々が仕事を続けられるようにと、彼らの提案に基づいて、１６００万ドル（約16億円）近くもの自発的削減が実施された。

この公開討論で画期的だったのは、犠牲を共有するという雰囲気ではなく、信頼感であふれ、全員が問題解決のために主体的に参加しているという雰囲気の中で従業員にアプローチしたことである。ベス・イスラエル・ディーコネス医療センターの従業員の一人が、オンライン上に匿名でこうコメントしている。「解雇を減らすために給与カットをするというアイデアが素晴らしかったわけではない。しかし、従業員公開討論会や、意見を匿名で言えるという方針が重要だった。レビーCEOは、従業員の気持ちを読み取り、一番正しい選択へと導いた。私たちは最小限の人員削減で最大限の患者ケアを成し遂げられると確信している」。

その後、レビーCEOが発信したさまざまなメッセージにも信頼感があふれていた。この公開討論会の後、メディアは彼のことを賞賛したのだが、彼のブログではそのことについては触れず、むしろリストラされる寸前であった450人もの人々の仕事を守るために、従業員たちがどのように一つにまとまったのかについて詳しく書かれている[8]。

この話は、あなたの心の琴線に触れたであろうか？　レビーCEOは、従業員を第一に置くことで成功したのだ。自分のことではなく、みんなのこと。利益のことではなく、人々のこと。役員室の中のことではなく、現場のことに焦点を当てたのがポイントだ。

メッセージのパーソナル化のために、伝え方のスタイルを完全に変える必要はない。実際のところ、最も大切な要素はニュアンスなのだ。言葉やフレーズの端々の微妙な変化で生まれるニュアンスである。レビーCEOが短いスピーチの中で使った言葉を見てみよう。

「皆さんの意見を聞きたい」
「もし私たちが彼らを守ろうとすると」
「残りの私たちが」

彼はまず、聞き手に興味を持たせ、そして「私たちが」「私たちの」という言葉を使うことで一体感を持たせるように話をした。これは私たちが提唱している原則と同じだ。

「あなたは」から「私たちは」へと換えること、または伝えたいメッセージの順序を変えることは、内容を変えてしまうことではない。しかしその効果は大きく、この病院のケースでは従業員の心を折ることになるのか、もしくは彼らのパワーを引き出すことになるのか、大きな差となって現れている。ここでのポイントは、「信頼とはメッセージの伝え方一つで簡単に得られ、また失われたりもする」ということだ。

良いことをしてさえいれば、勝手に外部の人々が自分たちのことを評価してくれると考える会社は実に多い。コーヒーチェーン店のスターバックスは何十年もの間、環境と農家のために素晴らしい活動をしていたが、そのことについて対外的に十分な説明をしてこなかったため、評価されてはいなかった。しかし、私がスターバックスで本書の執筆をしている今では、「シェアードプラネット（Shared Planet みんなの地球）」というコーヒーカップのロゴを目にすることができる。そこから私は、この会社は人間らしい会社だとの印象を受けるのだ。製薬会社も、何年もの間、低所得者が必要な医薬品を入手できるように患者援助プログラムに資金を使っているが、そのことについて一度も対外的に説明してこなかった。現在、多くの製薬会社の広告には、「薬代の支払いに援助が必要な場合はこちらにお電話ください」とアドバイスするメッセージが載っている。これら二つの実例は、いずれも実際に行っている企業活動の方がＰＲよりも素晴らしいという実例である。こうした努力を伝えることは、会社に人間味を与え、人々に会社の功績を認めさせるのに必要不可欠なことなのだ。

4
わかりやすい言葉で語れ

わかりやすい言葉の原則：
もし聞き手に理解してもらえないなら
それは話す人のせいだ

そう遠くない昔まで、私たちは専門知識が尊ばれる時代を生きていた。世間や消費者は、目を引く言葉や複雑なコンセプトに魅了されていた。よくわからないことでも自信たっぷりに話されると、理解できないのは自分のせいだと思い込んできた。医学専門用語を使う医師を信じ、難しい金融商品の概念について話す金融機関の販売員の意見にもありがたく耳を傾けてきた。そして、よく理解できないビジネスモデルを持つ会社に投資をしてきた。これは、1990年代後半のＩＴバブル期において特に顕著であった[9]。この時代、顧客や投資家が複雑な表現をする企業に好意的だったので、企業は自社の事業の説明を積極的に複雑化しようとしていた。専門知識が尊ばれる時代の中で、高度な知識が「疑わしきは罰せずの原則」の恩恵を享受してきた。しかし、不信に満ちた人々の世界では、これとは真逆の現象が起きている。もし私があなたの言っていることを理解できなかったとしたら、それは私ではなく、あなたのせいだ。もし私が話を聞いて混乱したら、自分ではなくあなたを責める。そしてもし、私があなたのメッセージを理解するのに苦労しなければいけないのなら、もっと簡単に教えてくれる他の誰かに尋ねに行くだろう。このような環境下では、わかりやすい言葉と近づきやすさが信頼を築くために重要なのだ。

物事をわかりやすく話しなさい、と教えてくれた国語の先生の言うことは正しかったのだ。ただし、あなたが考えるような理由からではない。ほとんどの人々はシンプルな言葉の良さはわかりやすさだと思っているが、本当の良さとは信頼を生み出すことにある。この時代において、人々に理解してもらうためのチャンスは一度だけしか与えられない。もしその一度のチャンスを活かせないと、理解してもらえないどころか、あなたに対する信頼はもろくも崩れてしまう。なぜなら今や人々は、話を理解させることは話し手の責任だと考えているからだ。

簡潔に書き、話すことは、成長の過程で学ぶものである。両親や国語の先生は、私たちにそのように教えてきた。しかし、それから私たちは成長し、やがて仕事をするようになった。私たちはアービトラージ（裁定取引）について議論する金融アナリストだとか、ＭＲＰ（material requirements planning/資材所要量計画）やＣＡＤ（computer aided design/コンピューター支援設計）、ＣＡＭ（computer aided manufacturing/コンピューター支援製造）について話すエンジニア、または解釈学について論じる心理学教授などになった。私たちは会社で働くようになり、ＳＶＰ（senior vice-president/上席役員）になったり、ＡＯＰ（aspect-oriented programming/アスペクト指向プログラミング）の予算を作成したり、ＫＰＩ（key performance indicator/重要業績評価指標）を使って戦略を練ったりもした。本来私たちは簡潔に話すことを教わってきたのにもかかわらず、このような専門用語、つまり、業界用語、社内用語に慣れ親しんでしまった。これは外部の人にとっては方言と同じで、会話全体はなんとなく理解できても、鍵となる言葉やフレーズにはまったくなじめない。

オタクになるな（専門用語で話すな）

約４００人の資産運用アドバイザーが、小型のダイヤルを手にしてステージ上に座っている25人の富裕層の投資家たちを、期待を込めたまなざしで見つめている。投資家たちが見ているのは金融のプロの営業ビデオで、ビデオに流れる話を聞いて投資家たちが好感を持つかどうかを判定するものだ。50を中立にして、０から１００までの目盛りダイヤルを投資家が上げ下げすることで好感度が判定される。最初にビデオに出てきた身なりの良い男性は、次のように話した。

「私たちは、統計的裁定取引を合併裁定取引と組み合わせ、買い、売り、およびグローバルマクロ戦略とともに、通貨取引を行います。私たちは、主要市場よりも、より非効率的な市場を探し、レバレッジを利用しながらリターンを最大化しようとしているのです」

男性は自分たちがこのアプローチからいかにしてもうけてきたか、そして博士号を持っているスタッフが何人いるかを自信たっぷりに語った。しかしながら、好感度はゼロであった。

ビデオを見終えた後、投資家たちからは辛辣なコメントが返ってきた。

「私も博士号を持っているが、彼の言ったことをまったく理解できなかった」

「彼はたわごとで私たちを煙に巻こうとしていた」

「もしカクテルパーティーで彼と出会っていたとしたら、今のような話をし始めた途端に彼の前から立ち去るだろう」

次に、ビデオに出てきた別の男性は、まっすぐにカメラを見ながら、ゆっくりと、きっぱりとこう語った。

「当社が提供する資産運用戦略はそれぞれ、お客様の状況に合わせてカスタマイズされています。たとえば、子どもの大学資金を貯めようとしている人にとって有効なプランというのは、子どもを持たず早期退職したい人にとって最適ではありません。私たちは、それをちゃんと認識しています。だからこそ、お客様の資産運用戦略をお客様にとって最適なものとするために、時間と労力を惜しみません。こうしたやり方は、他の会社がやりたがらないような多くの作業を伴うかもしれませんが、この作業によってはじめて、お客様だけの資産運用戦略をつくることができるのです」

ダイヤルはすぐに満点の１００近くまで上がった。そしてビデオを見終えた投資家たちは、この男性とだったら、信頼に基づいたパートナーシップを築いていけそうだと感じたことを明らかにしている。

この例で強調されるのは、あなたが話す言葉と聞き手が捉えるものの間に溝が生じているということだ。「専門用語」と「専門知識」のせいで、たとえ自分たちに利益をもたらすのであったとしても人々は逃げていってしまったのに対し、わかりやすい言葉は聞き手を話に引き込むことができたのだ。

明確かつ簡潔なコミュニケーションは、「信頼を勝ち取る言葉」の基礎となる。もし人々があなたの扱う商品の利点を理解してくれなかったら、あなたは負けである。顧客を獲得しようとするときでも、誰かにもっと運動をして野菜を食べてもらうよう説得するときでも、あなたは注目と信頼を得るために簡潔で魅力のある話をする必要がある。

この概念をつかむのは簡単だが、それを実行に移すことは非常に難しい。たとえば、文章は一段落を使ってうまく書くことよりも、一文だけでうまく書くことの方が難しい。それと同様に、複雑な概念を簡単な用語で説明するのは困難なことなのだ。

ここに、聞き手とより良いコミュニケーションを図るためのわかりやすい言葉の使い方について、三つのガイドラインがある。

● **人々はあなたが思うほどわかっていない。**あなたが誰かに商品を売ろうとしていたとする。おそらく、あなたは顧客と一緒にいる時間よりも、商品について考えている時間の方が長いだろう。あなたは商品のことをよく考え、結果としてより高度な理解を得ることになる。そして相手も同じだけの理解を持っていると勘違いしてしまうのだ。しかし、そうではない。相手は理解していないどころか、理解していないことを認めることすらできないという事態に陥る。結果的に、彼らはあなたの話に相づちを打つだけで、決して商品を買わないのだ。

●**シンプルとはただ短くすることではない。**この失敗を犯している人のなんと多いことか。ただ単語の数を減らすことで、言葉を単純明快にしようとしているのだ。しかし、シンプルにすることは、ただ短くすればいいというものではない。二つの単語だけを使って相手を混乱させたままにするよりも、五つの単語で話を明確にする方がずっとよい。

●**十分に、でもほどほどに。**多くの場合において、信頼を築きメッセージを有効にする最も効果的な方法は、話をほどほどにし、やめることだ。話し手はつい多くを語りすぎてしまう。必要のない言葉によって、重要なメッセージが失われ、埋もれてしまう。たとえすべてを簡単な言葉を使って話したとしても、多すぎるとかえって理解の邪魔になる場合がある。

これらのガイドラインは、思考や話し方をクリアにする要素となっており、「信頼を勝ち取る言葉」にとって欠かせない要素である。これらを是非実践してみてほしい。そうすれば、相手に理解してもらえるだけではなく、信じてもらえるようになるだろう。

>>>人々はあなたが思うほどわかっていない

もしあなたが商品を売り込もうとしているなら、通常その商品に対して何らかの形で特別に関与しているはずだ。あなたは商品を製造する会社で働いているかもしれないし、商品アイデアを売り込む組織で働いているかもしれない。いずれにせよ、あなたはその商品について普通の人よりもよく知っている。

あなたが会社や組織で長く過ごせば過ごすほど、そのグループの中だけで通じる言葉をつくり出し、使うようになる。頭文字を組み合わせた省略語が発達する。そして洗練された商品アイデアも、見た目は簡単な用語へと単純化される。しかし残念なことに、あなたの話を理解できるのはその言葉を話せる人たちのみだ。もし、多くの人々に理解してもらい、そして信頼してもらいたいのであれば、十分な知識を持っていない人にもわかるような言葉に置き換えなければならない。ここに、そうしなければいけない三つの理由を挙げよう。

●**人々はわからないものを買わない。**多くの会社が、わかりやすい言葉で物事を伝えるという素晴らしい仕事をしている。彼らは複雑なコンセプトを単純化することで、結果として売上を伸ばしている。ほとんどの消費者は、複雑すぎる商品を頑張って理解しようとはしない。だから彼らは難しい商品を避け、簡単な方を選ぶのだ。

●人々はあなたが思っているほど、理解してない。私たちは自分が思っているほど記憶力がない。1930年代に行われたある調査によると、生徒は講義内容の約80％を2週間以内に忘れてしまうことが明らかになった。そして最近の調査は、同じ言葉でも難しい文の中にあると、人は覚えにくいということを示している[10]。そもそも消費者は、売り手であるあなたほどに商品のことを気にかけてはいないのだから、あなたはどれくらい簡潔に説明すべきか今一度考え直す必要があるだろう。

●人々は思いのほかちゃんと聞いていない。科学者によると、人間の集中力は数秒ほどしか続かないそうだ。そして最近亡くなった作家ニール・ポストマンは、この集中力の持続する時間はだんだんと短くなってきていると主張している。彼は著書『Amusing Ourselves to Death（死ぬほど楽しみ）』の中で、テレビ世代を批判するとともに、容易に情報にアクセスできるインターネット時代において特にこの傾向が加速していると言っている[11]。

この三点の理由に加えて、世界の人々がますます忙しくなり、かつ高齢化しているということも付け加えておきたい。この変化により人々は、略語と専門知識に基づいた一世代前の営業手法から顔をそむけたのだ。複雑な概念には今後もまだ説明が必要で、人々への教育も必要だろうが、世界はさらに明確で簡潔なものを求めていく方向にあるのだ。

専門用語を使っている話し手の多くは、洗練された用語を必要とする状況が多いと主張するかもしれない。このような主張をする人は多くの場合、商品の最終顧客との間に中間業者が介在する産業で働いている。たとえば医療業界では、多くの企業が患者ではなく医師とコミュニケーションを取っている。金融業界では、企業が対面するのは投資家ではなく個人投資家に商品を提案する資産運用アドバイザーだったりする。福利厚生の分野では、従業員ではなく企業の人事と話すことになる。これらの聞き手側は洗練されたビジネスカスタマーであるため、洗練されたメッセージが求められるというのだ。それを理由に、彼らはメッセージを簡単な言葉に変換することを拒否するのだ。しかし、これは二つの理由で、間違いを犯していると言える。

一つ目は、こうした話し手たちは聞き手の知識量を買いかぶっているということだ。例を挙げよう。私たちの顧客のＩＴ業界の人たちは、ソフトウェア開発者やＩＴのプロは、皆新しいトレンドを注意深く研究しつくしているものだと思い込んでいた。しかし実際には、彼らの多くは、現存しているテクノロジーにしか注目していなかったということがわかったのだ。彼らは業界のトレンドについては一応認識していたかもしれないが、決して詳しく話せるほどではなかった。同じように、長い間リウマチを患っていても、リウマチがどうして起きるのか、医師が何を言っているのかをいまだに理解できない患者もいる。あるいは、議会で経済に関する法律を起草するスタッフであるのに、経済学を理解していない人もいる。いずれのケースでも、私たちは聞き手が洗練されていると思うがあまり、相手にアピールするべく、必要以上に難しい言葉を使ってきた。しかし、それでは納得してもらうことができないどころか、逆により強い不信感を持たれてしまう傾向にあったのだ。

二つ目は、聞き手が仲介業者であるとき、つまり、資産運用アドバイザーや会社の人事担当、医師などの場合、問題はいっそう複雑さを増すということだ。話し手は仲介業者という洗練された人々に話をするという前提で難しい単語を使用するのだが、その言葉は仲介業者を介して最終顧客にまでそのまま伝えられてしまう。その過程で混乱と不信感が生み出されてしまうのだ。一次的な聞き手である仲介業者を超えて顧客と信頼関係を築きたいのであれば、あなたは常に最終的な顧客を聞き手として想定すべきである。最終的な顧客のレベルに合わせて話すことができれば、どの顧客とでも信頼を築くことができるだろう。

>>>シンプルとはただ短くすることではない

人々はよく、明確さや簡潔さの意味をはき違えている。一番よい例が、最近の携帯メールだ。携帯メールを使う者にとって、シンプルとは短いことだ。彼らは、どうして四文字で済むメッセージにわざわざ四語も使うのか（たとえば、「talk to you later」は「ttyl」に省略できる）と考えている。しかし、携帯メールに慣れていない者にとって、この略語はまったく意味不明だ。

これはビジネスの場でも同じである。話し手は五つの単語が必要なときでも二つしか使わなかったりする。たとえば、金融サービスのプロは、「あなたが生きている間のお金をいかにまかなっていくか」という言葉の意味を、「長寿リスク」という一語に略してしまう。さらにひどくなると、ＡＰＶ（adjusted present value＝調整現在価値）やＧＬＷＢ（guaranteed lifetime withdrawal benefit＝最低終身引出額保証特約）といった略語を使いだしてしまう。

あなたのメッセージはただの単語ではなく、ストーリーであるはずだ。そしてストーリーは説明を必要とする。人に自分のストーリーを聞いてもらうためには、彼らの使う簡単な言葉で、彼らの生活と結び付けて語れなければならないのだ。

変額年金保険の例を見てみよう。Wikipedia（英語版）における基本的な定義はこうだ。

変額年金保険とは、保険商品の形をした金融契約である。販売人（発行人）――通常保険会社などの金融機関――は、年金受領権発生前の一時金即時払い（一時払い年金保険）や定期払い（定期払い年金保険）と引き換えに、将来的に購買人（受取人）に対し一連の支払いを行う。

これは、短い文章ですか？　ＹＥＳ。正しい文章ですか？　ＹＥＳ。では魅力的な文章ですか？　ＮＯ。ほとんどの人にとってこの定義は、ＩＲＳ（The Internal Revenue Service／アメリカ合衆国国税庁）で働いてでもいない限り伝わらない。では今度は、私たちの言葉で説明をしてみよう。

私たちは普段、老後のリスクについてお客様にお話しをしていますが、今は、老後に得られるチャンスについても話すべきだと思っています。今の時代は、退職後10年、20年、30年、またはそれ以上生き続けられるような時代です。私たちは、お客様がこのチャンスを活かせるよう、お手伝いをしたいと考えています。

変額年金保険は、お客様のチャンスを活かすことができる商品です。やや積極的な投資を行うことによって、老後の運用収益の目標を達成すること、そして人生の目標を達成することを手助けします。保険料の一部で保証を付けているため支払われる保険金額は保証されており、もし証券市場が下落した場合においても、心配せず積極的な投資を続けることができます。従って、リスクは低いがリターンも低いような運用ではなく、リスクは低くリターンは高い運用を可能にしています。

二つ目の解説は、一つ目の二倍以上の長さだ。しかし、変額年金保険とは、株価が上昇した場合にはその保険価値が上昇し、かつ保険金が保証されている運用商品だという魅力的な話をしている。より多くの言葉を使っているが、聞く人が理解しやすい簡単なメッセージになっているのだ。

わかりやすい言葉を使え

Googleで〝plain language（簡単な言葉）〟と検索すると最初に出てくるサイトは、他でもない米国政府のPlainLanguage.govという、官僚的な言葉をわかりやすく置き換えることに特化しているウェブサイトである。

このサイトは、米国政府の言葉の変遷を掲載しており（1970年代のニクソン大統領の時代までさかのぼっている）、使うべきでない言葉の広範囲なリストをつくり上げている。ここに、その言葉の例を紹介しよう。

使うべきでない言葉	言い換えた言葉
Adjacent to（隣接した）	Next to（隣の）
Disseminate（流布する）	Send（広める）
Expeditious（迅速な）	Fast（速い）
Heretofore（従来）	Until now（今までに）
Notwithstanding（にもかかわらず）	Still（まだ）
Optimum（最善の）	Best（１番の）
Parameters（パラメーター）	Limits（リミット・限界）
Remuneration（報酬）	Payment（支払い）
Subsequent（以後の）	Next（次の）
The undersigne（署名者）	I（私）

サイト上のリストで、これらの言葉は、英語で使われる最悪な単語として紹介されている。Addressees（あなた）、assistance（援助）、commence（開始する）、implement（実施する）、in accordance with（〜に従って）、promulgate（公布）、そしてutilization（利用する）あたりもそうだ。「it is」でさえもリストに掲載されており、完全に省略すべきであるとされている。

大西洋の向こう側には、PlainEnglish.co.uk という英国で積極的な活動をする民間サイトがあり、その創設者クリッシー・マーヘルはその活動により大英帝国勲章を受章した。このサイトには、言葉のデータベースに加えて、テキストやウェブサイトの明確さを検証するDrivelDefenceというソフトウェアも提供している（ちなみに、本書の文章を入力してみたら、すべてこのソフトウェアのテストをパスした）。

>>>十分に、でもほどほどに

私たちの仕事を通してわかったことは、言葉を使って信頼を築くために最も効果的な方法は、削除キーを使うということだ。信頼を築くには正しい言葉を多く必要とするが、少しでも間違った言葉やメッセージを使うと、すぐに信頼は失われてしまう。同様に、あなたの信頼性を高める素晴らしいメッセージも、余計なメッセージに埋もれてしまえば、せっかく築き上げた信頼も失われてしまう。不信感をなくすためには正しいメッセージを伝える必要があるが、そのためには間違いをなくし、多くを語りすぎないことが重要だ。しかし、ここで問題がある。大抵の場合、あなたが最も話したいこととは、聞き手にとっては不要であったりすることが多いのだ。あなたもこれまで、ニュースレターやｅメールのパンフレットを読み始める前に、何ページ読まないといけないかをチェックしたことがあるだろう。あるいは、まだ大事なメッセージが残されているかもしれないというのに、文章の二段落目で既に退屈して読むのをやめてしまったこともあるだろう。もしくは、たった10の言葉で済むところを１００の言葉を使うなんて、と誰かが批判されているのを聞いたことがあるかもしれない。ではここで、人々が言い訳をしている場面を思い浮かべてみよう。しばしば彼らの言い訳は長くなり、ああでもないこうでもないと口ごもる。話のポイントは必要のない言葉によって埋もれ、信頼はさらに失われていく。

この問題をさまざまな角度から検討してみよう。買い手が買う意思を既に態度に表しているのに、多くの営業マンは話をやめず、そのせいで取引を台無しにすることがある。「less is more（余計なものなどない方がいい）」とはよく言われるが、その通りに実行されることはめったにない。怠け者のコピーライターがつくるキャッチコピーは長い、ともよく言われる。なぜなら、一文でメッセージを明確にまとめることは、一段落でまとめるよりも、大抵難しいからである。

どのケースにおいても、ポイントは同じである。長すぎる言葉は理解を妨げ、相手の興味を引くことができず、機会損失をもたらす。最悪なのは、問題を回避するためのコミュニケーションのはずが、しゃべりすぎたことで、逆に問題を引き起こしてしまうようなことだ。

そのいい例が、２００９年にサウスカロライナで起きた、マーク・サンフォード州知事による失踪と事件についての謝罪と弁解である。サンフォード州知事はそのスキャンダルの前までは大統領候補としてよく名前が挙げられていたほどの人物だったが、謝罪後、所属政党は彼を知事職から追放しようとした。彼の問題は、彼が不貞をはたらいたという事実よりも、その謝罪の仕方にあったのだ。

サンフォード州知事は謝罪と説明を手短にすべきところを、明らかに自分のためにならない情報を話しすぎた。彼の最初の謝罪は、１５００語以上にわたる長くとりとめのない告白だった。それから何日もの間、彼の謝罪は過激な論調でニュースで報道され続けた。それだけではなく、サンフォード州知事はメディアからの情事に関する具体的な質問にも答えた。愛人との不倫関係の詳細や、自分がまるでティーンエージャーのような気分でいたこと、さらには彼の愛人の日焼け痕の様子などを熱く語るメールまで公開したのだ。

このような問題はいろいろな場面で起こりうる。私は、大企業の社内コミュニケーション業務の多くに携わっている。いずれの場合でも、企業はより良い内部伝達を通じ従業員との間に信頼を築こうとしている。そして、経営陣はほとんどの場合、伝えようとするメッセージが通じないことに気が付いている。メッセージの本質を改善する必要があるようなケースもしばしば見受けられるが、多くの場合、問題の核心はメッセージの本質ではなく、その量が多すぎることにある。

重要なメッセージでも、たくさんのニュースレターの中で重要性が低い情報と一緒にされてしまい、埋没してしまうことがある。またはメールの文中で三番目の項目として書かれていたため、読み手がそこまでたどりつかないようなこともある。二つの段落で伝えられるべき要点が、五つの段落で伝えられてしまうこともある。情報過多、つまり、重要な情報とそうでない情報がまぜこぜになっていることがあまりに多く、従業員は読むことをあきらめてしまうのだ。

この問題を解決するには、社内コミュニケーションの担当者は難しい選択をしなくてはならない。言いたいことを全部言ってそのほとんどが伝わっていないことを思い知るか、あるいは多くを言いすぎることを避け、本当に伝える必要があるメッセージのみを伝えるか、だ。

あなたの会社では、どうだろうか？

別のわかりやすい例は、ある商品を販売する会社が、その商品のポイントや特徴のすべてをパッケージに記載しようとしたり、メッセージとして伝えようしたりする場合である。商品の特徴が15個も書かれたパッケージを見たことがあるだろうか？　記載されている15個の特徴を見て、買おうと決める人がいると思うだろうか？　まずありえないだろう。

私たちは、広告キャンペーンで打ち出すメッセージの適量を検討するプロジェクトに多く携わってきた。私たちがよく使うのは、ターフ（total unduplicated reach and frequency＝TURF）分析と呼ばれるテクニックである。メディアや市場の今後の動向を計るために使う調査テクニックで、聞き手にとって最もわかりやすく理解しやすいメッセージのつくり方を知ることができる。たとえばこの分析を使うと、いくつまでならば伝えるメッセージを増やすことで聞き手の理解度が向上するか、という分水嶺を導き出すこともできる。

私たちの経験から言って、一つの話を最も多くの人々に受け入れてもらうために、五つ以上のメッセージが必要となることはほとんどない。大抵は三つのメッセージで90％を伝えられる。現実世界において、五つや七つの論点やメッセージよりも、三つの論点やメッセージに人々は耳を傾けるということは、疑いのない事実である。

特に、議論が湧き起こるような問題について話すときは、しゃべりすぎないことがより重要になる。たとえば私は最近、ジェネリック医薬品メーカーに対する特許権保護の裁判で勝訴した製薬会社と仕事をした。この会社の主張には正当性があったが、消費者にとってはそんなことはどうでもよかった。薬の価格は上がっていたし、製薬会社の収益など消費者が気にかけるところではなかった。問題は、薬の特許を巡る闘いが、会社にとって非常に感情的な問題になってしまったことだ。

この裁判は何年もかかり、膨大なお金と経営幹部の時間を費やすことになった。その過程で会社は人員削減と設備閉鎖をせざるを得ない状況に追い込まれ、さらなる売上の低下、批判の嵐、厳しい競争が追い打ちをかけた。最終的にその会社は裁判に勝つことができ、自社を擁護するメッセージを伝えようとした。しかし私たちの調査では、これらの陳述が会社のメッセージを傷つけてしまったことがわかる。調査参加者の一人は、「まるで〝私の痛みはあなたのよりもひどい〟と言っているようなもので、共感できなかった」とコメントした。要するに、この会社の特許を守るための内部論争が、公共のまな板の上で調理されてしまったのだ。

一方で、私たちは効果的なメッセージを確認することもできた。消費者が反応する三つのメッセージを発見したのだ。これは人を助けるための薬であり、小さな専門会社によってつくられており、そしてこの問題は何が公平かという問いかけである、というものだ。大雑把にいうと、メッセージは以下のようなものだった。

　この問題は、単なる特許論争ではありません。深刻な健康問題と闘う患者を助けるために開発された薬についての問題です。
　当社は、小さな専門製薬会社です。患者のニーズと当社のビジネスニーズを両立させてきた実績を持っています。
　複数のジェネリック医薬品メーカーが当社の特許を侵害したため、当社の権利を守るための行動を起こしたのです。単純にルールが気に入らないという理由で、ジェネリック医薬品メーカーがルールをやぶることは許されません。

患者はこれらに反応した。医薬品の価格が患者にとって深刻な問題であることを私たちは知っていたため、まずこの会社が患者と同じようにこの問題を深刻に捉えていると伝えることから始めた（実際にこの会社はそのように捉えていた）。そして、これは小さい専門的な会社 対 メルクやブリストル・マイヤーズのような世界的に展開している巨大企業の戦いである、ということを強調したことも、人々に会社を身近に感じてもらうのに効果的だった。なぜならば、この薬は巨大メーカーにおける一大商品群のうちの一つではなく、この会社の生命線であることを明確にすることが、自分たちにプラスにならないメッセージを除いていく過程で、会社の好感度を上げるメッセージの組み合わせ方を知ることができた。私たちの調査では、正しいメッセージが使われたとき、正しい伝え方をすることによって会社の好感度が20％も上がることが示された。

このように、巨大製薬会社に人々が不信感を抱えている世の中では重要だったからだ。

この例を、あなたがメッセージを伝える場面に置き換えてみよう。相手に信頼してもらうメッセージをつくるためにはまず、相手にとって何が最も重要かを考えることから始めなくてはいけない。固定概念にとらわれることなく、さまざまな観点から考え、メッセージを容赦なく削ってみよう。あなたが言いたくても相手が聞きたくないことは排除しよう。これは問題点を隠せという意味ではない。そうではなく、聞き手の「思い」と矛盾する点を排除するという意味だ。シンプルかつ明確で、聞き手が興味を持つようなメッセージ。つまり、人々が忘れることなく、記憶から呼び起こすことができるようなメッセージになるまで、余計なものをカットし続けることだ。「余計なものなどない方がいい」を信条に、シンプルなメッセージを信頼するという人間の本能を利用していけばよい。

5
ポジティブであれ

ポジティブの原則：
ネガティブな物言いは
軽蔑につながる

「あなたの家のトイレは共産党員の巣窟になっていないか？」

これは１９３０年代の、とある広告のキャッチコピーだ。しかめっ面の労働者が質の悪いトイレットペーパーを握りしめている様子を描き、粗悪なトイレ用品を社会主義や労働運動にたとえていた。このトイレットペーパーの広告だけではない。その時代の新聞記事を見てみると、体臭から葉巻の健康被害についてまで、あらゆることに恐怖をあおるような広告が目に付く。

もちろん、商品や政策、アイデアを売り込むために恐怖を利用している例は、それほど昔にさかのぼらなくても見つけることができる。選挙活動で用いられるネガティブキャンペーンや、戦争や経済政策を突き進めるための脅し作戦、自分が他界した後に家族が破産するかもしれないと警告する保険会社の営業トークなどである。何十年も前に使われていたような、脅し作戦と大して変わらないものを、私たちは今も目にすることができる。

実際に私たちの多くは、人々に何かをさせるために脅しや恐怖をあおるような言葉を使うよう教え込まれてきた。そして脅し文句に飼いならされた私たちは、こうした脅し作戦がうまくいくと信じ込んでいる。

でも本当にそうだろうか？

私たちの調査によると、恐怖をあおるようなメッセージは、もはやかつてのようには機能しないことがわかっている。話し手と聞き手の間に信頼を築くどころか、かえって人々を遠ざけてしまうのだ。さまざまな問題、さまざまな業界において、恐怖をあおるようなメッセージが本来の目的の邪魔をするのを私たちは目にしてきた。

- 企業は市場に需要をつくり上げたいがために、恐怖感をあおる。しかしそれは、購入意欲よりも迷いを生み出す。
- 産業界は、社会活動家や政治家などからの攻撃に「反撃」し、相手の信頼をたたきのめそうとする。しかしほとんどの場合、世間はこうした対応を偏ったものとして拒絶し、また産業界にこそ非があるものと見なす。
- 政治家たちは選挙に立候補した際、もし対立候補者が選ばれた場合にはどんなに悪いことが待ち受けているかという話を展開して有権者の恐怖をあおり、選挙に勝とうとする。しかし、こういう脅し作戦は、人々を政治から遠ざけてしまう。

結論を言えば、営業において脅し文句はもはや役に立たないのだ。

一体何が問題なのだろうか？

老後のお金の問題は万国共通の心配事だ。以下の文章は、退職資金の投資勧誘においてよく用いられる営業トークだが、一体何が問題なのだろうか？

私たちは皆、自分が退職した後の証券相場が活況であることを期待しています。しかし、もしあなたの退職の時期が、長い下落相場の始まりの時期だったらどうしますか？　期待する利益を得るためには、相場が持ち直すまで、お金をそのまま寝かせておかねばならないでしょう。2年かかるかもしれないし、10年もかかるかもしれない。相場が上昇へと転じるまでの間、残念ながらあなたの老後生活は、気まぐれな相場の動きに苦しめられるでしょう。

この投資信託は、あなたをそのようなリスクから守ります。相場環境が良い年に得られる利益を犠牲にすることなく、資産を保全します。

この文章に出てくる言葉はすべて正しいことではある。大げさでもないし、長年の金融統計から見ても確かなものだ。では、なぜ消費者はこの言葉に耳を塞いでしまのだろうか？

実は、答えはこの文章の中にひそんでいる。よく見てみよう。「下落相場」、「苦しめられる」、「リスク」、「市場の回復に10年かかる」。かなり暗いと思わないだろうか。

米国人は、もはや恐怖をあおられて何かを買うようなことはしない。２０００年問題、リーマンショック後の金融機関の救済措置、そしてたくさんの広告の数々。過去において恐怖を利用して物事を推し進めてきた人たちは、私たちの利益を最優先して行動してくれることはなかった。「今すぐ行動すべきだ、さもないと…」と言って私たちを扇動してきた人たちのせいで、私たちは今、恐怖に基づいた営業を「嘘」や「騙し」に違いないと思っているのだ。

人は恐怖に反応するのだろうか？　もちろんイエスだ。だからこそ、ほとんどの人は制限速度を守り、税金の申告を行い、ドラッグに手を出さない。しかし多くの人は、人々を動機付けるときに使われる恐怖の効果が目に見えて減少してきていることにあまり気付いていない。私たちは恐怖をあおるような刺激をあまりに多く経験してきたため、もはや反応すらしなくなってしまった。心理学者はこの現象を「学習性無力感」と呼ぶ。

営業の現場においても、恐怖は効果的ではなくなっている。私たちの独自の調査によると、ほとんどの場合において、恐怖をあおるような言葉よりもポジティブな言葉の方が行動を促すことがわかっている。恐怖をあおるような言葉は消費者をその気にさせるどころか、たとえどれだけその言葉が正しいとしても拒絶されてしまうのだ。

信じられないだろうか？　では、家の冷蔵庫、押し入れ、そして薬箱の中を見てみよう。かつてよく目にしたのは、他の商品より優れている点を大げさに宣伝するパッケージだった。しかし最近は、何が「入っていないか」をアピールする傾向が見られる。「トランス脂肪酸不使用」、「無添加」、「ホルモン剤不使用」などだ。10年前、トランス脂肪酸など誰も気にしていなかった。ほとんどの人は今でも、何が「不使用」だと良いのかさえわかっていない。「〇〇不使用」の表示は、安く販売されている競合商品が「トランス脂肪酸入り」「添加物入り」「ホルモン剤入り」、だということを暗に示している。もはや直接的な攻撃は必要ない。競合相手を攻撃することなく、不使用表示によってポジティブな価値を創造することができるのだ。これは、ポジティブであることによって、より大きなものを得られる可能性があるということを企業が学びつつある一例である。

恐怖をあおる営業手法の根は深い。長い成功の歴史を持っているからである。たとえば、１９３０年代の保険会社の営業マニュアルは、営業マンにこう説いている。「夫と妻を同席させ、妻にこう聞きなさい。『もしあなたのご主人が突然他界されたら、どうしますか？』と」。

今日でも、状況はそんなには変わっていない。著者は最近フロリダで行われた大規模保険セミナーに出席した。そこである講演者が、１９７０年代に沿岸地域から移住してきた富裕層によって、内陸に「高齢者たちのスラム街」が形成されつつあることについて警鐘をならした。著者がこの発言に反論したとき、その講演者は文字通り机の上に立ち上がり、怒鳴るようにこう言った。「もし年寄りが私たちの言うことを理解せず私たちの商品を買わなかったら、奴らは一文無しになってしまうのだ！」。

しかし、文化は変わり、そうした営業手法はもはや現代の消費者には合わなくなった。それでも営業マンはまだ、昔のやり方と今のやり方の中間のグレーゾーンに身をさまよわせている。

今日において、「信頼を勝ち取る言葉」は前向きな表現が用いられるコミュニケーションの中でつくられている。そこには鍵となるいくつかの原則がある。

- **ポジティブであることは能天気であるということではない。**ポジティブな言葉は、事実を楽観的な世界観へと変える。たとえば世界最大級の通信会社であるベライゾンは数年前、キャッチフレーズを「Making progress everyday（日々進歩する会社）」に変えたことにより、つまらない電話会社というイメージから脱することができた。このキャッチフレーズは、より良い事業を構築しようとする会社の方向性をポジティブに伝えているが、ポジティブすぎて信ぴょう性が無いような言い方ではなかったので、とても効果的であった。
- **ポジティブであることは前を向くことである。**金融危機が起きると、多くの投資家たちはどれだけ悪いことが起こってしまったかについて考えないようにする傾向がある。その代わり、将来のことと、どうすれば現在の状況を最大限に活かすことができるかを考えることに時間と労力を費やす。同じように、会社にひどい目に遭わされた顧客は、なぜその問題が起きたかという説明になど時間をかけてほしくはない。その状況を打破するために、会社が今からどのような行動を起こすのかを聞きたいのだ。

●ポジティブであることは「味方する」ことで「敵対する」ことではない。営業マンは、競合相手や批評家たちの何が悪いのかについて話すことには時間を費やすが、彼ら自身の何が優れているのかを説明することに十分な時間を費やしていないことが多い。恐怖をあおる営業手法は、「他者」に焦点を置いている。実際に人々が商品を買うことになる理由を「自分」よりも、恐怖を生み出す「他者」に置くのだ。

政治やレピュテーション・マネージメント（風評管理）、弁護にも同じことが言える。「他者」について言及しようとするのであれば、それ以上に膨大な時間を割いて自分や自分の会社の利点を伝えなければならない。他社との比較広告においてその手法はより繊細さを求められるようになってきた。たとえば、アップルはユーモアというポジティブな手段を使って、マイクロソフトを攻撃してきたが、ユーモアではなく真面目な言葉で相手を攻撃しようとしていたならば、聞き手は興味を失っていただろう。

人々を魅了するスピーチをつくるためには、これら前述の三つの原則を守ること。そして一番良いのは、三つの原則を組み合わせ、さらに上質のスピーチをつくり上げることだ。それぞれの原則をどのように適用するか考えてみよう。

言い方を変えれば反応も変わる

聖職者たちが、司祭にこう尋ねた。「お祈りの間、タバコを吸ってもいいでしょうか？」。司祭は、「いけません、それは罰当たりです！」と答えた。数カ月後、少し賢くなった聖職者たちはもう一度司教のところへ行き、今度はこう尋ねた。「タバコを吸っている間、お祈りしてもいいでしょうか？」。すると司祭は「ええ、そうですね、それは素晴らしい！」と答えた。

まったく同じことでも、言い方が異なれば捉え方も異なる。心理学者はこれを「リフレーミング（再構築）」と呼ぶ。私たちは最近、同じ意味のことを異なる言い方で表現すると、消費者がどのように反応するのかということに関し調査を行った。その結果、言い方によって人々の共感度合いに大きな差が現れることがわかった。次の各文章の下の数字は文章への共感度合を表している。「リスク」という言葉、つまり恐怖をあおる言葉を使った言い方に対する共感度合は、ポジティブなもう一方の言い方を見事に下回っている。

市場下落時の損失を減らしつつ、市場上昇に伴う利益をある程度確保する・・・63％

市場変動リスクを管理する・・・37％

自分のライフスタイルを保つための対策を行う・・・81％
インフレリスクを管理する・・・19％
これから長く生きていくためのお金を確保する・・・90％
長寿リスクを管理する・・・10％

ここでの教訓は、アイデアだけでは顧客へメッセージを伝えるのに十分ではないということだ。アイデアが、聞き手にできるだけポジティブに響くように表現しなければならない。

>>>ポジティブであることは能天気であるということではない

ポジティブという単語には、優しい、礼儀正しい、または感じの良い、など人の長所を褒める言葉と同じような響きがある。しかし、ポジティブという単語は、言葉を専門的に調査している私たちにとって非常に技術的な意味合いを持つ。辞書には、「積極的、肯定的、実証的」とあるが、ポジティブという言葉は、辞書に記載されている以上の意味を持っている。

なにも私たちは、不信に満ちた人々に「すべてのものは肯定的である」と納得させろと言っているわけではない。私たちが言っているのは、あなたの言葉はポジティブでなければならないが、度を越して能天気であってはならない、ということだ。聞き手が不可能だと思うことには同意を求めずに、聞き手の物の見方を反映させなければならない。

このポジティブさと能天気であることとの違いは、次の「真実味を持たせよ」のページでより詳しく論議するが、ここでも簡単に触れておく。ポジティブでいることとは、たとえばコップの半分が空になっている状態について、「コップは半分空っぽである」と言うのではなく、「コップには半分水が入っている」と言うようなアプローチである。こうした言い方はポジティブな印象を与えるが、「そのうちコップは水でいっぱいになる」と能天気なことを言いすぎてはいけない。

>>>ポジティブであることは前を向くことである

正直に考えてみよう。相場が下落しているとき、あなたは銀行や証券会社から届く明細書を直ちに開封したいと思うだろうか。本来は自分の懐に最も注意を払うべきときであるはずなのだが、多くの人はこうした書類を見なかったことにしてしまう。そうして未開封の明細書が積み上がっていく。お金を失ったという現実を直視したくないのだ。

悪いニュースが起こったとき、正論は崩壊する。１９９０年、経済がそこそこ良かった頃、ヘリコプターや派手な車の写真で飾られた投資情報誌が10誌ほどあった。しかし、２００３年という実に厳しい経済状況の年には、10誌のうちたった三誌しか生き残っていなかった。おかしいと思わないだろうか。理屈で言えば、人々は２００３年にこそ投資に関するアドバイスをもっと必要としていたはずだ。

人間は感情的で、理論的ではない。多くの人々が、相場がうまくいっていないときは銀行や証券会社からの明細書の封を開けないし、懐がさびしいと感じているときは、クレジットカード会社からの請求書をテーブルに置いたままにする。健康に問題がありそうなときは、健康診断をなかなか受けようとしない。しかし、マーケティング担当者や営業マンは、将来の利益よりも今起こっている問題に焦点を当てがちである。ところが、それは間違いである。もし顧客と信頼を築きたいのなら、現在の状況がどれだけ悪いのかをくどくど話してはいけない。自分の商品やサービスでどれだけ状況を良くできるかを話すべきなのだ（当然嘘をついてはいけない）。

使うべきでない言葉	使うべき言葉
immediate（短期的に）	Long term（長期的に）
React to the market（市場の動きに合わせて）	Strategic（戦略的に）

投資家たちと投資について話すときに出てくる魔法の言葉が二つある。「長期的」と「戦略的」だ。たとえ彼らの運用資産の損失が険しい状況に直面していても、多くの投資家たちは長期的な展望について考えたいと思っている。たとえ退職前の人であっても、短期間に焦点を置いた話より長期的な投資のアイデアについて好意的な反応を見せる。そして資産運用アドバイザーと話すときは、「戦略」について聞きたがる。「戦略」は楽観的であり前向きでもあるからだ。

企業が自社の直面している問題を逆手に、世論を味方につけて何かを推進していこうとする場合にも同じことが言える。金融危機の際に、「私たちは大きすぎて、破産させたら社会全体に大きな悪影響を及ぼす」と言って生きながらえた、ごく一部の金融機関があったが、これらは明らかな例外である。簡単に言えば、誰もあなたの仕事の課題や問題など気にしないし、誰もあなたの悪い出来事を聞きたくないし、あなたにとっていかに大変な状況かなど気にしない。そしてあなたの問題には絶対にかかわりたくない。顧客に対して自分の問題を話すことで言い訳をしているような立場になってしまい、結果として信頼度合いを大きく下げるはめになるのだ。

最近私たちが、ある大手の電力会社と一緒に仕事をしていた際の例を見てみよう。この企業は、需要の増加と燃料コストの上昇に伴って、電気料金の大幅値上げを求めていた。そして世間の人々にこの値上げをどう伝えるかという戦略を練っていた。

私たちの仕事は、この値上げについて、必ずしも好まれなくとも受け入れられるよう一般顧客と企業顧客の両者に説明することだった。言い換えると、不信に満ちた人々にアピールしなければならなかったのだ。問題は、この電力会社が、多くの他の会社と同じように、不安を感じさせるような用語を使って率直に説明しようとしていたことだ。なぜコスト高が値上げにつながるのか、値上げが不可能な場合、倒産の可能性がいかに高まるのかを説明しようとしていた。近年、エネルギーを使う設備、コンピューター、そして他の電化製品への依存が増したことで電力需要が増加し、結果としてコスト上昇につながったと顧客に伝えようとした。こうした過去の出来事の結果、顧客が将来にわたりお金を余計に払い続けることが必要になるという点に焦点を置いていたのだ。

どの論点も正しいものの、どれも顧客には受け入れられなかった。顧客は、会社の間違った決断のせいで、ツケを払わされるはめになったと感じた。倒産をほのめかすのは高圧的であり、下手な経営の証拠であると捉えた。そして、生産設備を増強しなければならないのは、あたかも顧客のせいであると言われているように感じ、憤慨した（実際に顧客は、生産設備の増強が必要ということは、通常会社が利益を上げているということであり、むしろ料金値下げになる兆しだと思っていた）。

概して、顧客は大企業、とりわけ独占的で人々の生活に必要不可欠なサービスを提供しているような企業の問題については、聞きたがらなかった。ある顧客は、「私たちは自分が苦しむことを問題にしているのではない。付加価値があるかどうかが問題なのだ」と言った。では、彼らは何にだったら価値を見出すのだろうか？　彼らは将来について聞きたがっていたのだ。なぜ過去の行動によってこの値上げが必要になったかではなく、値上げによって今後得られるものについて知りたがった。信頼できるサービスが今日、そして将来も受け続けられ、会社がインフラとクリーンなエネルギー資源への投資を行っているというようなことを知りたかったのだ。我々は、インスタント・レスポンス・セッションによる調査の結果をもとに、この電力会社に向けて次のように簡単なリストを書き上げた。

- この値上げは会社だけの問題ではない。顧客に関係する問題だ。

- 値上げできなかった場合の最悪のシナリオについて話すのではない。将来にわたって信頼できる電力を確保するために、会社がすべきことについて話すのだ。
- 会社の信用格付けが低いことや、収益率が低いことについて話すのではない。顧客に安定して電力供給を続けるために、財務状況の健全性を確立する必要があると話すのだ。
- 過去10年間における天然ガスの恩恵を正当化するのではない。将来のために代替エネルギーに投資をする良い機会があるということを説明するのだ。
- 顧客の電気使用量の増加について話すのではない。将来の顧客全員のニーズに応えられるようにする、と話すのだ。
- これは一時のことではない。今まで長きにわたって高品質のサービスを提供してきた実績と、今後の投資と改革へのコミットメント（約束）を示すのだ。
- 「会社対顧客」ではない。「みんなで協力する」ことだ。

この視点でメッセージを伝える方程式は、いたって簡単だ。

- **まず、顧客を大切に思っていることを強調せよ。**顧客が一番評価しているものから話し始めるといい。信頼性、安全、品質など。たとえ本当は悪い知らせを伝えないといけない場合であっても、自分は顧客にとって何が大事なのかをわかっていると伝えることで、信頼を保つことができる。

●**問題を認め、解決策を探す姿勢を伝えよ。**相手の心にある問題を認識し、顧客と会社の双方にとって良い解決策を描くことだ。決して問題を認めることを避けてはいけない。問題がそこにあるのはわかっているはずで、顧客もそれを認識している。問題を想定した上であなたが提案する解決策は、両立し難い二つのニーズをバランス良く実現できるものであると伝えるのだ。（たとえばコストと安全、環境保護と費用など）

●**役割と責任について語れ。**もし世間や顧客が嫌がることをお願いする必要があったら、最初に、お願いをしないで済むようにと事前に自分がとった行動についてすべて伝えるといい。相手に協力をお願いする前に、先に責任をとらなければならない。

●**今後どう問題の再発を避けるか、説明せよ。**顧客としては、一度の過ちならば許そうという気になる。しかし再び過ちを起こしたら、別の会社へと移ってしまうだろう。だから信頼を築くために大事なのは、同じ過ちを繰り返さないために今後どのように変わるかを話すことだ。ここでは、具体的な内容が重要となる。

●**最後にお願いせよ。**これらのステップをすべて踏み終わってはじめて、顧客や世間にあなたのために犠牲を払ってもらうことをお願いできるようになるのだ。

悪い知らせに対する消費者の反応をテストしたところ、自分の関心事ばかり話す会社に対しては、ほとんどの消費者が否定的な反応を示した。反対に、顧客の興味に向かって話しかけ、前向きなメッセージをつくりだせば、理解を得られメッセージを受け入れてもらえるような対話の場を持てるのだ。

ポジティブなニュースを先に知らせなさい

共同調査の一環として、私たちは大きな保険会社のマーケティング部署とともにワードラボというワークショップを開催した。4時間の集中ワークショップで、「信頼を勝ち取る言葉」を応用して特定の言葉のコミュニケーション問題に取り組むためのものである。そのワークショップの最中、マーケティング担当者のチームが、自社の24ページのパンフレットをポジティブの原則に従ってまとめていく中で、彼らは自社の資料の大きな欠陥を発見した。資料の中で使われている言葉自体は悪くなかったが、その順番が悪い、ということだった。パンフレットの前半の12ページは投資家たちが直面した老後に焦点が当てられており、それは暗い内容だった。

一方で、後半の12ページは細かい商品の情報と解決策が記載されていた。とてもポジティブで、良く書かれていた。問題は、そこまでたどりつく人がいない、ということである。つまり、問題点を最初に示しその後に解決策を示すという伝統的な営業の方法では、結局、誰も後半の前向きな部分にたどりつけず、ただ費用がかかるだけの文書になってしまうのだ。このテストをするまで、パンフレットが彼らを助けるどころか苦しめていたことに、彼らも気付いていていなかったのだ。

>>>ポジティブであることは「味方する」ことで「敵対する」ことではない

企業対消費者団体。共和党対民主党。*1ハットフィールド家対マッコイ家（対立する両家の間で起こった実際の抗争。転じて、敵対する相手との激しい争いを表す）。これらの対立構造を見ると、政治から大衆文化に至るまで、社会の中には、多くの敵対関係が存在しているのがわかる。しかし残念ながら私たちの調査によると、この流れに乗ることは、何かを世間に売り込もうとしている人にとっては命取りになる。あなたが、政治評論家か過激なラジオパーソナリティでもない限り。

では、思想的に相反する人とも仲良くやらないといけないのだろうか？　基本的にはそうだ。皆が不信に満ちている現代において、ただ他人に反対するだけというわけにはいかない。あなたは何かの味方でなければならない。そしてこの不信に満ちた世界では、敵があなたに問題を投げかけてきたら、自分を守る以上のことが必要だ。それは、問題を認めて、敵と握手することである。

私たちは、業界や企業が消費者団体からの攻撃に直面したときの対応方法について調査を行った。通常、業界とそれを批判する側との争いは、ウェブサイトや広告、そして広報による宣伝合戦になりがちだ。どちら側も事実を都合よく変え、自分たちが正しいと世間に納得させようとする。しかし調査結果によると、残念ながら世間は「けんか両成敗」と見ている。

調査によると、企業が消費者団体の言うことの信頼性に疑問を呈し、直接攻撃を加えるメッセージを発信する場合、その企業は世間からネガティブに見られるということが何度となく証明されてきた。このような利己的な攻撃は、尊敬に値しない偏った行為として払いのけられる傾向にある。こうした方法で攻撃に応えても、消費者の目に敵の存在を認知させてしまうにすぎないのだ。

消費者団体のメッセージはかなり簡単だ。彼らは、企業の商品が癌や他の症状を引き起こすことを証明していると謳った研究を発表する。それに対する企業の反応は通常防衛的で、自社の商品の安全性を全面的に擁護し、批判者たちの発表した研究結果を「エセ科学」や「偏った研究」だと攻撃する。

しかし世間は、企業や業界のそんな主張には耳を傾けず、むしろ企業や業界が守りを固めているのは罪を認めているからだとみなす。敵対する者同士の戦いは、いずれも偏った主張のぶつかり合いと受け止められ、説得できるだけの信用を得ることができない。世間が望んでいるのは、偏りのない視点で、情報と正しい答えを自分たちで判断する力なのである。ここに、私たちの調査の参加者たちの心に響いた、あるポジティブなメッセージがある。

私たちが望んでいることは同じです。私たちが、自分のためや家族のために購入する商品について、必要な情報を世間に提供し、すべての人に最も良い選択を可能にすることこそが、大切なのです。私たちが双方ともこの問題に全力を傾けてきたという事実は、米国社会にとって意味のあることです。

このメッセージはただの言葉ではなく、自社の利益よりも透明性に焦点を置いた戦略の一部である。

今日、自分に同意しない他人をけなすのは愚かであるという考え方は、信頼を築くための大きな流れになっている。このアプローチはあなたの立場をさらに強いものにすることができる。以下に、攻撃されたときに使うべき言葉の例がある。注意してほしいのは、単純に相手側に賛同しろと言っているのではないということだ。誹謗中傷で戦いに勝とうとするのではなく、信頼を築くことで勝利を手にしてほしいのだ。これらの言葉を比べてみれば、私たちの意図がわかるだろう。

絶対に同意できない批判者に対してさえもポジティブな立場を取るべき理由は、信頼を築く心構えを持つためだけでなく、ネガティブなメッセージに人々がどう反応するかを理解するためにあるのだ。

● ネガティブなメッセージは、顧客の利益ではなく自分の利益を優先する。

攻撃されたときに使いたいポジティブな言葉

ネガティブな言葉	ポジティブな言葉
彼らの話はあまりに極論だ。	彼らの話の中にも賛同できる点はいくつかある。
彼らのいうところの「事実」は歪められている。	彼らの議論は、重要なポイントを指摘している。いくつか追加的に知っていただきたいことがあるので聞いてください。
彼らは偏見があり、信用できない。	この状況に関しては多くの見解があり、彼らの見方もその内のひとつではある。
彼らは進むべき道の途中で立ち止まっている。	彼らは、この件について慎重な考えを持っている。
彼らは決して満足しない。	彼らには不安に思う部分があるのだろう。

- ポジティブなメッセージはあなたを相手と対等か、さらに上の位置へと引き上げるが、ネガティブなメッセージは一段下の位置に引き下げる。
- ポジティブなメッセージが相手を鎮める一方で、ネガティブなメッセージはさらに相手の反応をあおってしまう。

テレビで政治討論を聞いてみよう。互いの見解に反対している政党の代表者が、互いを攻撃し傷つけ合っている。そしてこれまでの私たちの調査同様、あなたは大抵その攻撃者たちを尊敬できなくなる。たとえ、その人の意見に賛同していたとしても、だ。

人々は、世の中の多くの深刻な問題は、メディアが伝えているよりももっと複雑だと思っている。人は自身の生活の中の問題に取り組むとき、相反する利益に折り合いをつけバランスを取る必要に迫られる。それは、問題がより大きくなっても同じだということもわかっている。しかし、政治においては、黒か白かの極論について人々に選ぶよう強要することがある。たまたま最初からその政党の見解と近いところにいる人々は、味方につけられるだろう。しかし、最初から意見が合わない人々は（私たちは基本的に不信に満ちた人々に営業をするのだということを思い出してほしい）、極論を展開することによってさらにあなたから遠ざかってしまうのだ。

反対に、他者の意見を受け止め尊重している人の話には、私たちはより注意深く耳を傾ける傾向にある。言い換えると、多くの広報担当者が自分たちの考えを守ろうと相手を攻撃するやり方は、家で妻と口論する際ですらも通用しないようなやり方なのである。当然このやり方は、世間に対してはますます通用しなくなってきている。

今や、ポジティブな言葉を使うことは綺麗ごとではなく、信用と信頼を生み出す大変な仕事になってしまった。「汝の敵を愛せよ」という聖書の教えは、もはや善行のための教えではない。それが良いコミュニケーション、対立の解消、そして意見の一致への鍵となることを私たちの調査は示している。

2008年米大統領選挙：ネガティブキャンペーンの死？

米国の主要な選挙では、支持政党が何であれ、何十年もの間ある一つのことがはっきりしていた。恐怖をあおる手法は非常に効果的である、ということだ。

1964年の有名なコマーシャルで、デイジーの花びらを数えている少女の背景で原爆が爆発するというものがある。そのコマーシャルの最後にはこうナレーションが入る。「11月3日、ジョンソン大統領に投票しよう。投票に行かないのはリスクが高すぎる」。米大統領選挙における共和党の対立候補者、バリー・ゴールドウォーターが核戦争へと国を導こうとしていると暗示することによって、人々の感情に訴え、ジョンソンは大勝利を手に入れた。

また、1988年の米大統領選挙のコマーシャルにおいて、有罪の重罪犯に週末の一時帰宅を許可しているという、連邦政策には関係のない問題が取り沙汰されたことがあった。これは、民主党候補のマイケル・デュカキスに対するネガティブキャンペーンで、ウィリー・ホートンという殺人犯を利用したものだった。ウィリー・ホートンは、一時帰宅中に女性をレイプしていたのだ。対立する共和党のキャンペーンマネジャーのリー・アトウォーターの有名な台詞は、「(マイケル・デュカキスを大統領にするならば) 殺人犯のホートンを副大統領候補にしよう」だった。デュカキスは単純に長年の州政策を受け継ぎ、重罪犯の一時帰宅を許可していただけだったが、このコマーシャルは彼を打ち負かす役目を果たした。

これらのネガティブキャンペーンが過去に成功した一方で、多くの専門家たちは2008年がネガティブキャンペーンに変化が起こった年だと感じている。民主党のホープ、ヒラリー・クリントンは、「危機が訪れ午前3時にホワイトハウスの電話が鳴ったときに、誰に電話をとってほしいか (若手で経験の無い対立候補者のバラク・オバマではなく、経験豊富なヒラリー・クリントンだ、と暗にほのめかしている)」というイメージ戦略を行ったが失敗した。共和党のジョン・マケインは、敵のバラク・オバマの人格や個人的な交友関係を攻撃したが、これもうまくいかなかった。実際、これらの非難は「スウィフトボーティング」、つまり不公平な批判だと笑われた (ちなみにこの言葉は、2004年にスウィフトボート退役軍人の会がジョン・ケリーの従軍記録を攻撃したネガティブキャンペーンからとられている)。

ときには、ネガティブキャンペーンの被害者のダメージの方が大きくなる場合もある。なぜなら政治とはゼロサムゲームであり、相手をより多く傷付けられるならば、自分自身が多少傷付いたとしてもかまわないということになるからだ。しかし2008年においては違った。ワシントンポストの記者マイケル・シアーは、このような戦術を用いることについて「(ネガティブキャンペーンを展開している候補者に対する）怒りは有権者を動かすだろう。有権者は何をするかをポジティブなメッセージで提案できる候補者を探しているのだから。今年のように、米政府の政策への不満が激しく、経済問題やイラクやアフガニスタンとの戦争を解決する具体的施策が強く求められているときは特にそうなのだ」と記している。

10年前にも、ネガティブキャンペーンがその効能を失いつつあることを示す調査結果があった。１９９８年のミズーリ大学の調査によると、ネガティブキャンペーンのコマーシャルを有益であると捉えている人は21・９％で、真実味があると答えた人はたった13・５％だった。一方、60％に近い人が、広告主とターゲットの両方にネガティブな印象を持ってしまったのだ。たとえ近年、政治行動委員会（ＰＡＣ）のような団体がネガティブなコマーシャルをつくりやすいような法律になっていたとしても、その有効性は少ないと言える[12]。

>>>ポジティブであれ

もし恐怖をあおることで物を売りつけるような商法が数十年、数百年前からあるとすれば、どうして人々は21世紀はじめになって、突然それを受け付けなくなってしまったのだろうか。

その理由の一つは、文化の変化である。メディアは、恐怖を広める役割を営業マンから事実上受け継いだ。そして、その役割を巧みに果たしすぎてしまったのだ。メディアにおいて、恐怖をあおるメッセージが視聴者や読み手を引き付けていることは疑いようもない。現在の消費者は、日中起きている間のほとんどの時間を、多くのメッセージを浴びながら過ごしてきた。そしてそのほとんどが恐怖をあおるものだった。そうするうちにやがて無感覚になり、恐怖をあおることで買い物や投票などの決断をせまる人に、腹を立てるようになった。

だからこそ、私たちはポジティブな言葉を使うべきなのだ。一世紀以上前に設立された国際的な奉仕団体である国際ロータリークラブは、その行動指針において、ポジティブであることを提唱している。その行動指針は「四つのテスト」と呼ばれている。

- **真実か　どうか**
- **みんなに公平か　どうか**
- **好意と友情を深めるか　どうか**
- **みんなのためになるか　どうか**

メッセージを伝える側の人間は、自分自身の四つのテストをつくる必要がある。そのテストは前に挙げた公平性や連帯性の問題を考慮するだけでなく、自分たちの言葉を聞き手の関心に向けたものにしているかを問うものであるべきだ。繰り返し述べるが、すべては私たちが使う言葉から始まるのだ。

6
真実味を持たせよ

真実味を持たせる原則：
人生において完璧なものは存在しないし、
あなたが売っているものもまた完璧ではない

商品を売り込もうとしているときに、聞き手があなたに疑いの目を向けてくることはもはや当然のことだ。なぜなら長年、企業や政治家、マーケティング担当者たちが、守れない約束をしたり、できもしないことを主張してきたからなのだ。今あなたが苦しんでいるのは、彼らがこれまで言葉をないがしろにしてきた結果なのだ。「あなたが話すこと」と「聞き手が感じること」に、大きなギャップが生まれてしまっているのである。

ここまでの各項では、そのギャップを埋めるために必要なアプローチについて概要を述べてきた。これで、ようやく舞台は整った。話をパーソナル化することで、あなたが相手に注意を払っていることを伝えることができる。わかりやすい言葉を使うことで、商品を理解してほしいと思っていることを示すことができる。そして、ポジティブな言葉を使うことで、相手を脅して決断を促すことなく、興味を喚起することができるのだ。これらはすべて、信頼を築くのに必要不可欠なことである。さらにこの項では一歩進んで、あなたの営業トークの核心に迫ることにしよう。その核心とは、最高の営業トークや言葉も、真実味がないという理由で聞き手に信じてもらえなかったら失敗でしかない、ということである。

あなたも、両親や先生から、いつも真実を話すようにと教えられてきたはずだ。しかし、社会人になってからはまったく別のことを学んだ。商品の利点を誇張すること、さもないとライバルに負けてしまう、ということだ。何世紀もの間、この方法は機能してきた。たとえば1800年代後半にコカ・コーラは、モルヒネ依存や神経衰弱、性機能不全の治療に効果があると宣伝されていた[13]。1950年代にもカーターズ・リトル・レバー（肝臓）・ピルという薬があった。この薬は肝機能には何も効能がない薬であったが、肝臓に効くと誤解を招く商品名だったため、商品名を変更しなければならなくなった。そして数年前にも、複数のダイエット薬品会社が、体重減少効果に関して誤った主張をしていたとして2500万ドル（約25億円）の罰金を科されている[14]。

やりすぎの宣伝文句が横行していた一世紀前から比べると、現在の宣伝では実際の効能をほのめかす程度になった。この背景には、大規模な社会の変化がある。つまり、私たちは、夢のような話なんて大抵は実現しないということを学んだのだ。「一番」、「最も」、そして「保証」などという宣伝文句にはもう惑わされない。こうした大げさな宣伝文句は、もはや消費者の注目や興味を引くことはなく、ただ不信感をあおるだけにすぎない。

商品を売るためには、単純にその商品の利点を話すだけでは不十分だ。商品の利点を明確に顧客に説明しなければならないのに加え、顧客にその利点が本物であると信じてもらわなければならない。つまり、会話全体に真実味を持たせることこそが、顧客との間に信頼関係を築き、説得力のある議論をするために必要なステップとなっているのだ。

真実味のある話し方とは、私たちが学んだ方法とまったく違うものである。私たちの多くは、自分たちの商品の利点を売り込み、反対意見をおさえ込み、そして競合相手をおとしめるように教えられてきた。しかし調査をすればするほど、これらのアプローチはほとんど信頼性がないということがわかってきた。「信頼を勝ち取る言葉」は、自分自身の利益を超越したものでなくてはならないのだ。

>>>誠実さ＝完璧さではない

優れたコミュニケーション能力を持っているだけでは、人々はもはやあなたの話を聞いても真実味があると思ってくれなくなっている。この流れは社会の構造的な変化であり、後戻りすることはないだろう。

文化的な側面から眺めてみよう。20世紀前半、二つの世界大戦の陰で、私たちはスーパーヒーローたちを誕生させてきた。彼らには弱点はあっても欠点はなかった。しかし、現代版のスーパーヒーローに、そうした完璧さはない。現代版のヒーローが持つ暗い一面（ダークサイド）が人々の興味を引き、ヒーローたちの心の中に存在する悪魔が映画をよりリアルで面白くしてくれる。私たちは完璧なものなどこの世には何もないことを知っているため、スーパーヒーローが完璧すぎるとそれを受け入れることができないのだ。

テレビで家庭の日常生活を描くホームコメディーも、同じ道をたどってきた。１９５０年代のホームコメディーは、高級住宅街に住み、高級車に乗り、綺麗な服を着ている家族の姿を描いていたが、この10年間において高い評価を得たホームコメディーはすべて、崩壊寸前の家庭を描いたものである。そこで描かれているのは、不完全な家族の姿だ。なぜなら、その方が私たちが知っている世界をより正しく映し出しているからだ。

アイデアをどう売り込むかという場面でも同じことが言える。不信に満ちた世界では、信頼を築かずして営業はできない。そこで私たちが使う言葉が当然重要となるのだが、言葉に何らかの変化をつければいいというような単純なものではない。人々が期待するのは、話し手の心の変化である。真実とは、話し手によって語られるものではない。聞き手がどう受け取るか、が真実なのである。

真実味のあるメッセージをつくる上で最も難しいことは、しばしば弱みと混同されてしまうということだ。真実味のあるメッセージというのは、大胆で強気なメッセージではなく、むしろ意図的に注意警告を含まなければならないからである。また、反対意見を受け付けないのではなく、認めることも必要だ。そして、完璧さを主張するのではなく、欠点を認める。このやり方で伝えるメッセージは、伝統的なマーケティング手法と比べると弱いメッセージだと捉えられかねないが、間違いなく信頼度を高めることができる。強くても拒否されるメッセージか、弱いけれど誠実で透明で信頼されるメッセージか、どちらを選ぶだろうか。

真実味のあるメッセージをつくる上で鍵となる原則は三つある。

●**真実味のある言葉は中立的である。**消費者への聞き取り調査によると、自画自賛的な情報に対する人々の反応は鈍く、より信ぴょう性のある情報に対する反応は良いということがわかる。たとえば、米国最大の損保と評されるステートファーム保険は、世間の信頼を勝ち取っている。なぜなら彼らは、「ステートファーム保険はすごい」とは言わず、「ステートファーム保険はいつもあなたのそばにいます」と言うだけだからだ。この真実味のあるメッセージは、聞き手にどう考えるべきかを強要しない。ただ人々が決断を下すのに必要な、正しい情報を提供することに徹しているのだ。

●**真実味のある言葉は完結している。**人々にあなたの話を信じさせるには、どうすればよいだろうか？　その答えは、良い面と悪い面の両方を語るということだ。たとえば、イギリスのマーマイト（ビールの酵母が主原料の食品。独特な臭気を持ち、通常トーストに塗って食される）のキャッチコピーは、「毎日食べたくなるか、二度と見たくなくなるか」である。商品が万人受けするものではないことを明確に述べている。良い点、悪い点を含め、全体像を見せることで信頼を築くことができるのだ。

●真実味のある言葉は誇張した表現を避ける。１９８０年代に消えた家電量販チェーンの一つに、クレイジーエディがあった。この会社のテレビコマーシャルでは、落ち着きのない営業マンが「この値段は狂っている！（安い）」と、息継ぎもせず叫んでいた。このコマーシャルと、ベストバイなどの現代の家電量販店のコマーシャルを比べてみると、現代のものには何の誇張もない。マーケティングにおけるメッセージの使い方がどれだけ発展したかを確かめることができるだろう。

ここからは、これらの原則の詳細を一つずつ見ていく。あなた自身が、どうすれば相手から信頼感を持ってもらえるか見ていこう。

>>>真実味のある言葉は中立的である

テレビのニュース番組を見れば、あまりの中立性のなさに気付くだろう。中立報道を心がけている、と謳うフォックスニュースはあからさまに保守主義だが、フォックスニュースのファンは喜んでそれを視聴している。政治ニュースを中心に扱うＭＳＮＢＣはリベラルだが（言い方を換えれば進歩的である）、その視聴者たちもまたそのリベラルさを好んでいる。どちらのニュース番組も、自分たちの主張を売り込むために過激な言葉を使っている。しかし、彼らは不信に満ちた人々を説得する必要はない。なぜなら、視聴者たちは既に彼らの主義主張に賛同しているからだ。各テレビ局の視聴者たちは、誰かに説得されることなど望んでおらず、自分の既に持っている認識を後押ししてくれるような同志の見解を聞きたがっているだけなのだ。

ほとんどの人にとって、仕事とはそれほど簡単なものではない。私たちは自分たちの商品の利点について人々を納得させた上で営業を行わなければならない。しかし、自分の商品は市場で「一番の」商品だと伝えれば、即座に拒否されてしまう。「最先端の」技術や「極上の」サービスや「独自の」アプローチについて話してみたところで、同じである。これらの言葉は中立性を欠いているために効果がない。合理的な説明をせずに利点のみを伝えようとすると、信頼性を失ってしまうのだ。

これは単純に言葉の使い方の問題ではない。既に結論付けられた情報を与えるのではなく、議論のための材料を与えるのが重要だということだ。相手にどう考えるべきかを押し付けるのではなく、彼らが自分自身で決断するために必要な情報を与えるだけでよい。顧客からの信頼が得られ、あなたが販売している商品が自分の考えている通りに良い商品である場合、その商品は自然に売れていくだろう。

では、どのようにすれば私たちの言葉が中立的かどうかわかるのだろうか？

中立的な発言は、結論を押し付けるのではなく、聞き手の判断や結論を導き出させる。私たちは、つい自分で良し悪しなどの判断をしてしまい、既に結論付けたものを相手にも押し付けようとしてしまう。自分の商品は「素晴らしい」、人々は「思い違い」をしている、そしてもちろん、自分の立場は「正しい」、など。

現実では、これらの言葉はすべて幻想であり、人々をしらけさせるだけだ。「素晴らしい」という言葉は、今日のようにさまざまな人々が異なる見解を持つこの世界では、何も意味しない。同じことが「思い違い」や「正しい」にも言える。今日、人々は自分自身で結論を導き出せるように物事の詳細を知りたがっている。そして、あなたが彼らを支配しようとすると、激しく拒否されてしまうのだ。

中立的な発言は、詳細を伝える。長々とした商品の説明など誰も聞きたくないが、真実味のある話し方をする場合、情報は多目に、大げさな宣伝文句は少な目になる。もしあなたが相手に対して単純に営業をするのではなく、情報を提供して疑問を取り除こうとするならば、自然と相手が知りたい詳細な情報を必要なだけ提供するはずだ。そしてそれは何かを決断するのに十分で、聞き手が退屈しない量であるべきだ。また、多くの人々を満足させうるだけの、正確で正直な情報であることも必要だ。「わかりやすい言葉で語れ」の項で述べたように、まず一番大切なことから話し始め、顧客が退屈していると思ったらやめることだ。

これらをまとめると、十分に知識があり、相手の関心を引くが、中立的な話し方、ということになる。それができればあなたは聞き手の信頼を得ることができるだろう。

使うべきでない言葉と使うべき言葉

使うべきでない言葉	使うべき言葉
夢のような老後	快適な老後

人々に「夢のような老後」と「快適な老後」のどちらを選ぶかと尋ねると、驚く答えが出る。「快適な老後」を選ぶ米国人の数は、「夢のような老後」を選ぶ人の数の実に六倍以上だったのだ。なぜなら、夢とは真実味のないものだからだ。老後について考えるとき、人は実際に実現できそうなものを欲する。だから、「快適な老後」について語る方が断然現実味があるということになるのだ。

使うべきでない言葉	使うべき言葉
（元本）保証	（元本）確保
金銭的な自由	金銭的な安心感

あなたは人々が「保証」のような強い言葉を歓迎すると思うだろう。しかし私たちの行った調査によると、そうではない。非常に多くの人々が、「保証」が機能しなかったさまざまなケースを既に知っているのだ。元本確保は弱めの約束だが（結局、保証ではない）、会社が実際にできることの範囲内での約束だと認識されているようだ。同じように米国人にとって「金銭的な自由」とは、あり余るお金を持ち、やりたいことを何でもできる状態であるため、その言葉はあまり受け入れられない。彼らが望んでいるのは実現可能なものだ。「金銭的な安心感」、つまりは日々の資金繰りや不安から解放された将来である。

使うべきでない言葉　　　　使うべき言葉
全額を　　　　　　　　　　一部を
一括で　　　　　　　　　　分散して

人々は、従来の営業手法のせいで変な思い込みを持っている場合が多く、商品の売り込みは難しくなっている。たとえば金融業界では、ほとんどの投資家たちは「卵をぜんぶ同じカゴに入れるな」という投資の基本ルール、つまり分散投資のルールに従う傾向にある。しかし面白いことに、金融商品を勧められた際、明確に「この投資はお客様の分散投資の中の一部です」と言われない限り、全額投資してくれと言われていると捉えてしまうのだ。つまり、あえて「一部」という言葉を使うことが、商品の購入を検討させるのに重要なのである。

使うべきでない言葉　　　　使うべき言葉
ワールドクラスの、一流の　総合的な、包括的な
最高品質の　　　　　　　　効果的な

信頼が失われた時代は、自画自賛的な言葉に死をもたらした。その昔は自分を褒め称えるような言葉を使って優位性を伝えることができたが、今日ではそれらはありふれて、使い古され、インパクトを失っている。さらに悪いことにそれらの言葉は、これまでにさまざまな企業が約束してきたことを達成できなかったという過去の記憶を呼び起こしてしまう。説明的表現を使う場合には、自分自身で説明ができる言葉を使い、その根拠を述べるようにした方がよい。

>>>真実味のある言葉は完結している

米国の有名な自動車保険会社であるプログレッシブ・インシュランスは、包み隠さずすべてを伝えることが重要だと理解している。彼らの信念は、自社のウェブサイトで他社の保険料も公開するというものである。そうすることで、まず人々にプログレッシブ・インシュランスのウェブサイトを訪れる動機付けを行う。そして、他のサイトを見に行かなくてもよいと思ってもらうことができる。さらに最も大切なのは、人々が正しい決断を下せるように十分な情報を与えることによって、多大な信頼を得ているということだ。

企業や政治家、営業マンなどが言葉を巧みに使って聞き手のイメージを操作している現代において、信頼を築くのに最も効果的な方法は、あなたの会社の話だけではなく、業界や競合他社（競合商品）のすべてを伝えることだ。

営業マンが見込み客に、「この商品はすべての人のためのものではありません。利点もあれば欠点もあります」と伝えれば、「これは、あなたにぴったりな商品です」と言うよりもはるかに信頼を得ることができるだろう。皮肉にも、最終的に商品を買う人というのは、すべての事実を聞いた後に、積極的な購入意欲を見せるものである。

もちろん、これはすべての人に当てはまるわけではない。もしあなたが競合商品よりも劣った商品を売っていたり、何かを隠しながら商品を売ろうとしたりするのなら、良い点、悪い点の両方を話しても効果はないであろう。しかし、もしあなたの商品が公平な競争で十分に勝てると信じているならば、あなた自身が完全な情報源に徹することで大きな信頼を築くことができるだろう。

あなたには見えない、または言えない。でもそこにある

「フタル酸エステル（phtalates）」という言葉がある。多くの人々はこの言葉の発音さえできない。しかしこの言葉は、近年、化粧品業界において注目のトピックとなっている。消費者団体が、化粧品や香水などに含まれる「フタル酸エステル」という可溶化剤の発癌リスクを取り上げているからだ。

では、化粧品業界はこの問題にどう取り組むつもりなのだろうか。実は、規制の強化によって解決しようとしたのではなく、業界の基準やデータを開示することで解決しようとしたのである。２００７年、業界団体である米国化粧品工業会（ＰＣＰＣ）は、消費者信用規則の策定を発表した。これは、有害事象に関する報告の細かいガイドラインや安全情報の保全、食品医薬品局（ＦＤＡ）との商品レベルでの問題解決プロセスについて定めたものである。

米国化粧品工業会のウェブサイト（cosmeticsinfo.org）では、本規則に基づき、人々に「フタル酸エステル」のようなトピックについて広範囲な情報を含むデータベースを開示している。最新の研究結果に基づいて商品への使用をやめた化学物質の種類や、現在も使われている化学物質の種類、そして現在の政府のガイドラインへのリンクも開示している。注目すべ

きなのは、これら化学物質の使用について特に見解を示しているわけではなく、ただデータを提供しているだけだという点だ。

消費者団体と対立し、反論を繰り広げる多くの他業界とは異なり、米国化粧品工業会のようなやり方は、新しい時代における、新しいアプローチの一例である。長期的な商品の安全性を最も重視し、客観的な情報源からの詳細な情報をできるだけ開示している。

コミュニケーションの観点から見ても、化粧品業界の商品の安全性に関するメッセージは、完全な情報を提供したことによって、信頼性のあるものとして受け止められる可能性が非常に高いものである。

>>>真実味のある言葉は誇張した表現を避ける

もしあなたがクレジットカードの加入契約を取ろうとしている場合、どういうことを言うと人々は逃げ出してしまうのだろうか？　それは、彼らに「Free（タダ）」という表記をしてクレジットカードを売り込んだ場合だ。私たちの調査によると、米国人の富裕層の内、85％以上が「Free（タダ）」より「No annual fee（年会費無料）」と表記されたクレジットカードの方を好む。たとえその二つがまったく同じ意味だとしても、である。なぜなら私たちは、聞こえが良すぎるものを疑うようになってきているからだ。「No annual fee(年会費無料)」というオファーは真実味がある。

しかし、当たり前のことではあるが、大抵の人は、クレジットカードが完全に「Free（タダ）」であるとは思わないのだ。

これは、言葉を正しく表記することの大切さ、および真実味がない言葉を使うリスクを示す良い例である。このクレジットカードの例では、カードの発行人は「タダです！」ということを、素晴らしいアピールポイントだと信じている。しかし、実際には、言葉が少し度を越しているだけで、見込み顧客に背を向けられてしまうのだ。

「タダ」という言葉が例外なのではない。

私たちはもはや、白黒をはっきりさせようとする絶対的な言葉を信じない。政治家たちや企業は、人々が物事に白黒をつけて考えているなどと勘違いしがちだ。しかし、ほとんどの人はそうではない。たとえば政治的な問題において、賛成、反対とはっきりと主張を持っている人は、それぞれ人口全体の20％ずつだけだ。残りの60％の人々はどちらとも決めかねており、どちらに決めたらよいか説得してもらいたいと期待している。この過半数の人々に対して、もしあなたが絶対的な言葉を使えば、信頼を失ってしまうだろう。彼らの信頼を得るためには、強弱のバランスを取りながら、自信に満ち、説得力があり、そして真実味あるメッセージをつくり出さなければならない。

私が大手エネルギー会社と仕事をしていたときの例を挙げよう。この会社はバイオ燃料におけるリーダー的存在だが、彼らの技術投資は世間からの批判の的となっていた。問題は二つあった。まず、業界リーダーとして投資を行う必要があると支持を求めようとした際、世間は皆、そのメッセージを傲慢で利己的であると判断した。さらに、世間はその会社が傲慢であると思ったがために、その会社の技術にさえも不信感を抱く結果になってしまったのだ。

私たちの仕事は、会社と、ターゲットとなる世間との間に信頼を築くメッセージを考えることであった。世間は、最上級の表現を使ったり、大胆な主張をしたりすることではなく、謙虚な姿勢や歩み寄り、そして反省を求めていた。ここでいくつかの記述を見てみよう。

エネルギー問題の新しい解決策を見つける鍵は、この挑戦に正面から取り組むために、産業界、政府、そして世界で最も優れた科学者たちとの**協力関係**を築くことである。**一社だけでこの問題を解決できる会社など存在しない**。もちろん、一カ国だけでも不可能だ。

私たちは今、石油への依存をなくし、環境に与える影響を抑えるために、**一致団結**するという、歴史的な機会を迎えている。**バイオ燃料は現時点では完璧ではないが**、しかし**さらなる投資とさらなる研究**により、改善できることがわかっている。そうすれば将来バイオ燃料によりもたらされるメリットが、研究にかかる初期費用をはるかに上回るだろう。

ここで使われている言葉はすべて、信頼を勝ち取るために意図的に選ばれている。重要なキーワードは太字にしている。これらのキーワードを使った理由を述べよう。

●「**協力関係**／**一致団結**」　大きな問題を解決するようなときには、協力しながらの方が個人で行うよりも成功する可能性が高いと、世間は強く感じている。「最も優れた科学者たち」（他者について話すときは最上級の表現を使ってもよい）と協力することによって、この会社は正しい答えに向かっているのだということに焦点を当てている。

●「**一社だけでこの問題を解決できる会社など存在しない**」　この言葉は、わざと期待のハードルを下げるために使われている。会社が乗り越えようとしている大きな挑戦について強気な約束をせず、自社の施策は解決策の一部分にしかなれないと言っている。他者の協力が必要だというこの言葉は、謙虚であり、メッセージを伝える側の信頼度を上げている。

●「**バイオ燃料は現時点では完璧ではないが**」　これは弱点を認めている例だ。このケースでは、既存のバイオ燃料に対して多くの批判があり、その技術的デメリットを開示する必要があった。この批判を認めることで、この会社はこの不完全な技術に継続的な投資をする理由を訴えるための大事な一歩を踏み出すことができた。

●「**さらなる投資とさらなる研究**」　これらのフレーズは、技術の改善は、労力と資源を要するプロセスであり、会社が努力に励むということを強調している。これは、会社が現状に満足していないことを表す前向きな言葉の例である。

このメッセージの中には、継続的な投資を支持してほしいという直接的なお願いは含まれていない。しかし、このメッセージによって既に信頼が築かれているため、依頼の主旨は理解され、好意的に受け取られるだろう。もし彼らが営業トークから始めていたら、さらなる不信感とネガティブな反応をもたらしていたに違いない。

真実味を持たせることと営業を両立できるか？

誇張した表現で自画自賛をすると、人々は、あなたの話を聞いてくれない。それならば、自分自身を売り込むことはできないのだろうか？　そんなことはない。あなたが強みについてもちゃんと着目している限りにおいては、可能である。

２００８年はじめの米大統領選挙で、最も好評だったコマーシャルの一つが、前ニューヨーク市長ルドルフ・ジュリアーニのものだった。そのコマーシャルでは、彼の任期の前と後のニューヨーク市の様子が描かれていた。

「ニューヨーク市はわが国で三番目か四番目に大きな行政組織である。また、全米最大の経済規模を誇っている。ニューヨーク市はかつて、手に負えない制御不能な街と呼ばれていた。ニューヨーカーの大多数は、この街を離れどこか別のところで暮らしたがっていた。街は金融危機に陥り、米国の犯罪の中心地となり、社会保障受給者の中心地となっていた。私が市長になった頃、街はきわめて困難な状況にあった。

私が市長職を離れる頃には、ニューヨーク市は、全米で最良の共和党政権の街と称えられるまでになった。私たちはこの街を米国で最も安全な大都市、米国の『社会保障の中心地から就労の中心地へ』と変えた。そして最も大切なのが、この街の人々の心を大きく変えたことだ。大多数の人は、絶望の代わりに希望を持つようになった。

私は、米国国民の期待に応えることができるか試されていたのだ。私は決して完璧ではなかったが、日常的に起きる危機に対してタイムリーに対応し、結果を出してきた。しかも多くの場合、並外れた結果、誰もが不可能と思った結果を出してきたのだ[15]」

ジュリアーニは大統領にはなれなかったが、この広告は投票者の間で最も評価されたものの一つだった。ターゲットとする、一般的な共和党支持者から90％近い支持を得た。なぜなら、彼はより良いニューヨーク市のビジョンと、事実に関する情報のリスト、そして自分が完璧ではないという謙遜を、このコマーシャルに全部まとめて上手に詰め込んだからだ。

>>>真実味のある新しい世界

次のような広告を目にする日が来るだろうか？「この乗り物は普通の乗用車の二倍の燃料が必要だが、重い荷物を運べる」と書かれたトラックの広告。「私は社会保障を充実させるために、税金を上げる予定だ」と語る政治家。「爆音のため、22歳以上の人は注意」というコンサートの広告など。（実は既に、アリゾナ州のチャンドラー市にあるハート・アタック・グリルというレストランの入り口には、「あなたがこれから食べる食事は健康に良くありません」と貼り紙がしてある）

マーケティングと客観性の間にあるギャップがなくなる日が来るのかどうかはわからない。しかし、その隔たりが前の世代よりもずっと小さくなってきていることは確かである。顧客は多くの場合、私たちよりも賢いし、現実的である。彼らにとってはもはや、真実味があるかどうかが新しい商品を選ぶポイントとなっているのだ。

真実味のある話し方をすると、中立的で客観的な意見として顧客にメッセージを伝えることができる。皮肉なことに、このやり方は従来のやり方よりもずっと簡単に顧客の心を動かすことができるのだ。私たちは、ただ真実を詳細に述べるだけでいい。

この項で述べた仕組みを使えば、より効果的に真実味のある話し方を身につけることができる。やがてあなたは、他の人々がなんとか目立とうとむなしい努力をしている中で、目覚ましい活躍ができるようになるだろう。さらに、ライバルの営業マンたちが経験したことがないような高いレベルで、顧客との関係を築けるようになる。それは、相手と同じ目線に立てたということなのだ。

＊1　ハットフィールド家対マッコイ家
米国では、現在でも激しい争いをする二者を指して「ハットフィールドとマッコイのようだ」と言われるほど有名な一族。19世紀、タグ・フォーク川を挟んでウエストバージニア州側に暮らすハットフィールド家と、ケンタッキー州側に住んでいたマッコイ家。それぞれの家長であるアンス・ハットフィールドとランドール・マッコイは、南北戦争では共に戦った仲であり、対立していたわけではなかった。ところが戦争終了後の1865年、ランドールの兄弟であるハーモンが何者かに殺害された。ハーモンは南北戦争に北軍として参加したため、アンスの叔父ジム・ヴァンスらに嫌われていた。マッコイ一族はジムらの犯行を疑うが、証拠は見つからず、この事件をきっかけに両家の間に不穏な空気が漂い始める。そして1878年、一匹の豚の所有権をめぐり、ついに両家の間で血で血を洗う抗争が始まる。

第3章
言葉の新しい順序

あなたは、最近誰かの意見を聞いて自分の考えを変えたことはあっただろうか。固く信じていた意見、または主義を完全に変えられてしまった経験について、思い出せるだろうか。

不信に満ちた人々の意見をひっくり返すのは簡単ではない。そんな相手とも信頼関係を築いていくためには、前章でかかげた4原則（パーソナル化せよ、わかりやすい言葉で語れ、ポジティブであれ、真実味を持たせよ）をふまえて話せば、耳を傾けてくれる人が増えてくるだろう。

しかし、本当の闘いはここからだ。正しくメッセージを伝えるだけでは、まだ不十分である。もし商品を売ることを焦ったり、きちんと順序だてて説明できなかったりすれば、たとえ、それが正しいメッセージだとしてもうまく伝わらない。私たちはさまざまな調査を通して、ある法則を発見した。適切なときに、適切な方法で、適切なメッセージを伝えるという、相手の心に信頼を芽生えさせるために有効な法則である。それをこの章で紹介していく。

下の図は、「言葉の新しい順序」と私たちが呼んでいるものである。不信に満ちた人々を振り向かせ、興味を引くためには、メッセージを伝える言葉の順序がきわめて大切なのだ。このピラミッド型の図は、言葉の組み立て方を表しており、この図の下から順

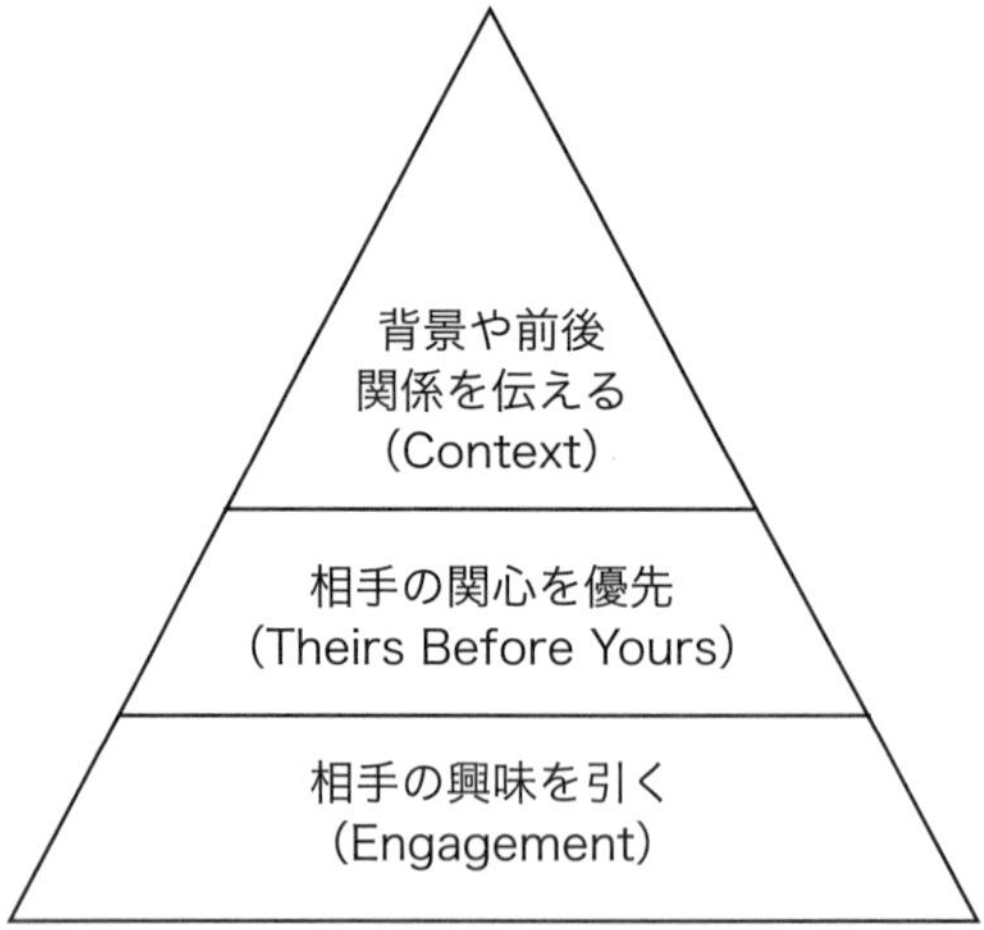

に言葉を組み立てていくのだ。

信頼が失われた時代の営業トークにおける一番重要な最初のステップは、相手の興味を引くこと（Engagement）だ。あなたの話に相手が聞く耳を持ってくれないならば、どれだけうまく話しても無駄だからである。従って、まずは相手が共感してくれることを見つけることが先決だ。たとえば、米国の医療制度改革について話す際には、「米国にも国民皆保険制度が必要だ」と話し始めるのではなく、「私たちは自分たちが支払った税金からもっと多くの恩恵を得てしかるべきだ。米国は、他のどの国よりも医療にお金をかけているが、それに見合う成果が得られていない」と話し始める方がいい。この言い方ならば相手の意見が賛成、反対のどちらにあったとしても、興味は示してくれるだろう。共通の理解を得た後であれば、おそらく相手はあなたの話に耳を傾けてくれるはずだ。

相手の興味を引いたところでやっと、話に入ることができた。次に、あなたは自分の意見を押し付けたり、やみくもに商品を売ろうとしているのではないということを理解してもらう必要がある。不信に満ちた人々が相手の場合、あなたの言うことを信ずるに足りる理由も述べるべきだ。また、反対意見を持つ人たちは一般的に、「完璧な商品」や「完璧な解決法」があるという考えを嫌う。従って、次の段階は彼らが直面している問題に理解を示すことだ。あなた自身の関心事ではなく、相手の関心を優先（Theirs Before Yours）していることをアピールするのだ。先ほど例に出した医療保険制度改革の話で言えば、「みんなが必要な医療を受けられるように、政府は医療への助成を増やすべきだ」と話すよりも、「よく考えてみると、みんなが手遅れになる前に病院に行けるようにさえできれば、私たちは緊急救命室のためにたくさんの税金を払う必要がなくなるだろう」という話し方の方がよい。これなら、保険に入っていない人だけではなく、どんな人にも関係のある話になる。医療保険制度改革が実行されれば支払う税金が減るので、あなたが話しかけている相手にとっても重要な話になるからだ。

さてこれで、あなたは話を聞いてもらうことができ、相手が関心を持つことについて話せる環境が整い、ようやく売りたいものを売れるようになった。提供したい商品の話へと流れを徐々に変えていけるようになったのだ。ただし、話の流れを変えられるのは、本当に相手に興味を持ってもらい、話題の内容を自分に関係あるものとして認識してもらったときだけだ。このステップは非常に重要だが、同時に多くの人が失敗しやすいところでもある。話し手は、もう十分に相手を引き付け事実を述べたので、話のクロージングは簡単だと勘違いしてしまうのだ。

しかしそれは、まったくの間違いである。あなたが相手にしているのは、信頼が失われた時代の不信に満ちた人々だということを忘れてはいけない。彼らの疑い深さに慣れることが必要だ。たとえばあなたが、商品の話に話題を変えた途端、「もう結構です」と言われるかもしれない。不信に満ちた人々が相手を拒絶するのは、もはや本能とも言える。

しかし、商品に関する背景を語ることで、あなたが売ろうとしている商品がなぜ問題解決の役に立つのか、なぜ彼らが興味を持つようになるのかを知らせることができる。

ここでまた、米国の医療保険制度の例に戻ろう。仮に、国民全員が加入できる医療保険プランがあり、それを、1000億ドル（約10兆円）の費用で実現できると言ったとしよう。この費用は、

２００９年に提示された医療改革に要する費用のわずか10分の１ではあるものの、それでもやはり大金であることに変わりはない。不信に満ちた人々は、おそらくその費用の支払いには同意しないだろう。政府が使う予算としては、巨額だからだ。

しかし、１０００億ドル（約10兆円）という金額の背景について語ってみると、どうだろうか。たとえば、米国国民がタバコに使う金額は、毎年およそ８００億ドル（約８兆円）に及んでいることを知らせてみるとどうだろうか。米国国民は、一年間で他国の軍事費よりも多額の金をタバコに使っているのだ。さらに、こうも付け加えてみよう。米国国民が毎年タバコに使うお金に少しの金額を足すだけで、カナダの人口に匹敵する人々（健康保険に加入していない米国人と同じ人数）に医療保険を提供することができるだろうと。

こうすれば必ず疑念を払拭できるという保証はないが、議論のスタート地点にはなりうる。人の心を変えることも、説得することも簡単ではない。しかし、このように物事の背景や前後関係（Context）を伝えることによって、押し付けでなく、受け身でもなく、反感を持たれない議論を始めることができるのだ。相手はすぐには医療改革の話に乗ってこないかもしれないが、少しは真剣に考えるようになるかもしれない。もしくは、自ら、もっと多くのことを知ろうとするかもしれない。そしていずれは、あなたの意見に賛同してくれるかもしれないのだ。

この後の項では、言葉の新しい順序である三つのステップのうち、それぞれのステップがどのように機能するのかを一つずつ理解してもらいたい。それぞれのステップにおいて異なるやり方を説明し、たとえ痛烈な批判をしていた人でさえも耳を傾けたくなるような、議論の組み立て方を提示する。相手に応じて、ピラミッドの順番を入れ替えた方がいい場合もあるが、基本的な方向性は同じである。たとえば、相手の興味を引くために特定の話題の詳細から話し始めてもよい。あるいは相手の興味を引くことを省略し、直接、重要な議論に入っていくこともあるかもしれない。それはケースバイケースで判断すればよい。いずれにせよ、三つのステップを全体として捉えたアプローチであれば通用するのである。

7

聞かせる技術

議論する前に 相手の興味を引くこと

話を本当に聞いていますか。
自分の話す番が来るのを待っているだけではないですか。
ロバート・モンゴメリー（俳優・映画監督）

トーク番組の人気司会者ショーン・ハニティは、自分の話で誰かを納得させようとしてはいない。キース・オルバーマンも同様だ。この二人は毎晩テレビで、ひたすら同じことを繰り返している。視聴者が耳にしたいことだけを話す、ということだ。彼らは、いつも自分の意見に賛同するゲストだけを呼ぶ。自分と反対意見を持つゲストを呼んだとしても、それはあくまで自分がどれほど早く相手を論破できるかを見せつけるのが目的なのだ。

ブログの著者が自分のブログを閲覧する数多くのフォロワー（読者）へ対してそうするのと

同じように、彼らは既に視聴者が賛同している事柄を長々と説明し、さらに納得させることで、視聴者との結び付きを強固にしている。しかしながら、彼らに何の影響力もないかというと、そうではない。彼らには何百万人ものフォロワーがいて、彼らの話のポイントを忠実に、うんざりするほど繰り返し、さらにより多くの人々へとメッセージを拡散してくれる。しかしここでも、そのフォロワーの話を聞いてくれるのは、既にその意見に賛同してくれている人たちである。

あなたの置かれている状況は、これとは異なる。不信に満ちた人々に対して売り込みを行うのは、当然これよりもはるかに難しいことだからだ。

イリノイ大学とフロリダ大学の研究者は、最近およそ８０００人を対象にした91の実験を行い、そこから得られたデータに基づく研究成果を発表した。この研究によってわかったことは、ほとんどの人々は自分が既に信じていることと矛盾しない情報を探そうとし、それ以外の情報には目もくれないということであった[16]。これは特に政治と宗教の問題に当てはまるようだが、それだけでなく、普段の会話に出てくる幅広い話題や論点にも当てはまるらしい。例を探せば、いくらでも出てくる。たとえば、あなたが既に抱いている自分自身の意見を、誰かに説得されて変えたことはあっただろうか？　一週間以内、あるいは一年以内に、そんなことがあっただろうか？　おそらく、何かの情報を探しているときでも、偏見のない心で幅広い情報を探すのではなく、既に感じていたことについてさらに確信を持つための情報を探すことの方が多いのではないだろうか。

このような現象を、社会心理学においては「確証バイアス」と呼ぶ。この現象は、私が仕事をする中でも毎日見ることができる。私たちの顧客や、調査の過程で話す機会がある数千人もの一般の人々にも「確証バイアス」が起きている。人は、二つの意見を与えられると、既に自分が持っている考え方を支持する方を本能的に選ぶのだ。また、二人の人にまったく同じ事実を伝えたとしても、各々が自分のフィルターを通して見るため、独自の解釈が成され、二人の出す結論はまったく異なってしまう。これは、企業の中でもよく起こることで、たとえ優秀な経営者でも目の前で起こる新しい変化に関してその事実を中立的に受け入れるというよりも、ついつい自分に都合のいい解釈をしてしまう傾向がある。

相手が自分に何を信じさせたいか、ということに反して、私たちが自分のフィルターを通して物事を見たり、都合のいい事実を探したりするのは、ごく自然なことである。人間は誰しも、自分は正しいと思いたいものであり、信念を裏付けてくれるものを探すことが自然な行動である。自分は間違っていると思いたがる人が、どこにいるだろうか。いささか皮肉な言い方だが、私たちは周囲の人々よりも、自分の方が賢いと思いたいものである。だからこそ、人より賢く、正しいと思われるために役に立つ事実や統計、見解など、使えるものを探そうとするのだ。

こうした傾向の裏には、概して、私たちが偏見を持ち、寛容ではないという事実がある。実際、私たち米国人は、相手の話を漠然と聞いてはいても、真剣に耳を傾けることはめったにない国民になってしまった。議論のための議論は好むが、議論を通して心を通わせはしなくなった。政治的な会話になると、意見を交換するのではなく、意見を激しく闘わせて終わってしまう。説得力があり、詳細な議論にはなるものの、その後に続く会話は対話というにはほど遠く、各々の独白の連続でしかない。このような話し方では、既にあなたを支持してくれている人々に対しては説得力があるかもしれないが、それ以外の人たちの興味を引くことはできない。結局、話し合いに多くの時間を割いても相手のことをほとんど説得できず、彼らの興味をまったく引けないのだ。

司会者のショーン・ハニティとキース・オルバーマンの話に戻ろう。彼らでなくても、テレビやラジオ、本やインターネットで活躍する特定の主義に偏った考えを持つ有名人なら誰でもよい。彼らの展開する痛烈な批判を聞いて、自分の意見を変えたことがあるか考えてみてほしい。彼らの60秒ほどのアドリブの話を聞いて、その主張について深く考えたり、今まで抱いていた信条に影響を受けたりしたことなどあっただろうか。

私にはそんなことはなかった。

このような「確証バイアス」によって、あなたに賛成する人の意見と反対する人の意見の間には、大きな隔たりが生まれつつある。米国では、思想的に自分を「穏健派（思想的に中立な人）」だと考える人口の割合（41％）が、「保守派」（36％）や「リベラル派」（19％）の割合よりも多い[17]。しかし、具体的な問題を論じる場面では、賛成する人と反対する人の間の溝は致命的なほど深くなっている。

信頼が失われた時代には、あなたの意見に賛成してくれる人々にだけ通用するような話し方をしても聞いてもらえなくなってしまった。不信に満ちた人々に対面し、その都度、考え方や態度、ふるまいなどを変えなければならなくなってしまった。私たちは、「潔白が証明されるまでは有罪」と思われているので、相手の考えを変えようとする前に、まずは会話を始める方法を見つけ出さなくてはならない。

恋愛の場合、婚約（Engagement）という言葉は、結婚前に互いを知り合う期間を指す。ビジネスにおいてもそれは同じで、信頼関係があってこそビジネスが生まれるのだ。親しくなるための長い過程を経ずに、最初から具体的なビジネスの話をするのは失礼だという文化も数多くある。信頼が失われた時代においては、この文化はすべての人に当てはまる文化になりつつあるのだろう。

今まで以上に、聞き手に向き合い、相手の興味や関心を引くことに力を入れなければならない。議論するという大変な仕事に進むことができるのは、その後である。これは、既存顧客や見込み客たちとの対話だけでなく、マーケティングや広告においても言えることだ。

>>>興味を引く（Engagement）ための法則

今まで会ったことがない人、たとえば見込み客に興味を持ってもらうためには、どんな言葉を使えばよいのだろう。相手の興味を引くプロセスは、私たちが考案した三つの「興味を引くための法則（Rules of Engagement）」に分けることができる。この三つの法則のすべてを一つの会話に使わなくてもよいが、これらをうまく組み合わせることで、相手の興味を引くような言葉を紡ぐことができるだろう。

ルール1：「彼らの真実」を理解する

誰かを説得しなければならないとき、私たちは、なぜ相手が私たちの立場をわかってくれないのか理解に苦しむことがある。少なくとも私はそう思うことがある。たとえば、ある事柄について徹底的に調べた後に、もし他人が自分と同じぐらいそのことについて調べているならば、なぜ、その人の意見が私の意見と異なるのか、困惑してしまう。ときには、彼らの肩を揺さぶり、その不可思議な考えを追い払いたくなることすらある。しかし、そうした衝動は、話し手にとって命取りになる。だからこそ自分の気持ちをコントロールしなければならない。

本書の第1章で、「自分たちの真実」と「彼らの真実」という考え方を述べた。あるテーマについて同じ事実、同じ情報を持っていても、解釈次第でまったく違う見解が生まれることがある。相手の興味を引くための法則の一つは、自分の意見を言う前に、「彼らの真実」を理解することだ。

「彼らの真実」を理解するには、二つのステップがある。最初のステップは、ターゲットの明確なイメージを持つことだ（これは、多くの広告制作者が制作過程の一部としてやっていることと同じである）。そのために、私はターゲットとなる顧客の詳細な「ペルソナ（架空の人物像）」をつくることにしている。一つの商品につき、三人ほどのペルソナをつくることで、相手を理解し、同じ視点に立ち、コミュニケーションを図ることができるだろう。ペルソナをつくるときには、できるだけ細かい設定を考える。名前、年齢、家族構成、職場、態度、好き嫌いなど。さらには、ターゲットに見合った写真を用意し、相手をより具体的にイメージしてから伝えたいメッセージを準備をすることもある。

次のステップは、相手の立場になって問題を深く考えることだ。このステップでは業界の知識が非常に役に立つ。実は多くの場合、自分の敵や味方など、さまざまな人々の立場から物事を眺めることは、それほど難しいことではない。しかし、多くの人々は、ほとんどそれができていないのだ。そこで私たちは、問題や商品の本質を掘り下げ、「彼らの真実」となりうるものをつくり上げるのである。

このようなプロセスが重要なのは、相手の世界観、つまり、相手が何を考えているのかを知らなければ、成功につながる会話などできないからだ。「彼らの真実」を知らずに話を始めると、信頼はすぐに失われてしまう。

ここで再び、前章でも述べたバイオ燃料の例を使って考えてみよう。このプロジェクトの一環として、トウモロコシなどの有機物をエネルギー源として使用することを、米国だけではなくヨーロッパ（環境問題に対する意識が高い不信に満ちた人々が多い）に住む人たちはどう考えているのかを調べるためのグループ調査を行った。

調査の結果、バイオ燃料について話をする際、聞き手の多くが自分たちの考えや信念が尊重されていないと感じる傾向があるということがわかった。相手があまり知識のない人々であれば丁寧に教え込んでうまく丸め込むこともできるかもしれないが、物知りのヨーロッパ人たちが相手の場合はそうもいかない。

私たちは、バイオ燃料が環境に優しいということにヨーロッパ人たちが懐疑的なのを知っている。彼らは、バイオ燃料をつくるためには他の燃料と比べてより多くのエネルギーが必要であることや、全体の生産工程を通じても環境汚染の度合いは少ししか変わらないことを知っている。

むしろ、バイオ燃料の促進によって、食料が手に入りにくい地域での穀物の奪い合いを引き起こすのではないかと懸念している。さらに、石油会社がバイオ燃料に投資をするのも、金もうけのためか、環境に配慮したふりをするためにすぎない、とさえ思っている。巨大な石油会社が自分たちの利益のこと以外を気にするとは思っていないのだ。

これらの考えが、真実かどうかは関係ない。大事なことなのでもう一度言うが、これらが真実かどうかなんて、関係はないのだ。重要なのは、人々は実際にこのように感じている、ということだ。これが「彼らの真実」なのだ。話し合いを重ねれば、彼らの世界観の核を成す部分を変えられると思うかもしれないが、そんなことは不可能だ。多額の資金を使って相手を買収することができれば話は別だが、現実的に考えるのであれば、別のもっと効率的なやり方を試す方がいい。

そのやり方とは、「彼らの真実」、つまり相手の世界観を受け入れ、理解することだ。相手の考え方を知ることができれば、その後のやり取りで、関心を引き付けることも可能だろう。

バイオ燃料についてあなたの考え方を示す前に、相手の関心事を理解し、相手の懸念していることについて触れる。これが、あなたの話に耳を傾けてもらえるたった一つの方法だ。この過程を経ることで、疑いを持っていた多くの人があなたの話に耳を傾けてくれるようになり、最終的には、話に賛同してくれる人まで現れるであろう。

「彼らの真実」に呼びかける言葉

●バイオ燃料は世界の食料供給を阻害しない。

- バイオ燃料は再生可能で、持続可能なエネルギーである。
- 私たちの取り組みは、人類と地球に配慮している。
- 解決策は、手ごろなコストで実現でき、利用しやすいものである。

ルール２：共通の考え方を探すこと

ここで覚えてもらいたいものを一つだけ選ぶとすると、私は次のものを挙げる。人々と対話をするためには、まずあなたの話に耳を傾けてもらえるようにしなければいけない、ということだ。そうしなければ、自分勝手な独り言を言い合っているだけになってしまう。

メッセージは素晴らしいのに、聞き手を置いてけぼりにしてしまったせいで失敗した例は数多くある。相手の興味を引く前に説得を始めてしまい、対話の土台ができていないのに本題に入ってしまうのだ。そんなことをしたら、相手は聞くのをやめてしまい、すべての話が無駄に終わってしまう。次第に、独り言を言っているのと変わらなくなってしまうのだ。

「信頼を勝ち取る言葉」は、相手を会話に引き付けること（Engagement）を土台として成り立っている。効果的に意思の疎通を図るには、まず相手が同意し、頷いてくれるようなメッセージから始めなくてはいけない。相手が頷いている様子を見て、ちゃんと話に耳を傾けてくれているることを確認できるのだ。このように、まずはお互いの共通点や共通認識を浮き彫りにするメッセージを見つけてから、説得したり、売り込んだり、態度を変えさせるためのメッセージへと移るべきなのだ。相手を会話に引き付けるプロセスは、互いの信頼を築き、会話を意義のあるものに変えるためにとても重要だが、よく忘れられたり、無視されたりしている。

米国における訴訟乱用の改革運動（医療過誤訴訟などの乱用を防ぐため、賠償金額などに制限を設けようという改革運動）について、政治に関心のある人々に話題を振れば、ほとんどの人はすぐに賛成か反対のどちらかの立場を取るだろう。改革に反対の人は、不法に扱われた者は誰でも法廷で陽の目を見る機会を与えられるべきだとか、司法制度は非力な個人に対して不利に働くのだから不法行為を働く企業は罰せられるべきだとかいった、くどい議論を始めるだろう。改革に賛成の人は、くだらない訴訟によって保険や医療のコストがつり上げられていることを、社会全体が批判的に見ていると語るだろう。このような論点に関して市民討論を持つということは、いつも牙をむきあっている保守派ニュースキャスターのビル・オライリーと、リベラル派ニュースキャスターのキース・オルバーマンが、仲良くバーベキューパーティーをするのと同じくらい難しいことである。

このように既にしっかりとした意見を持っている人々の、意見を変えることは、現実的に不可能だ。彼らは、すべての意見を聞き、すべての事実を把握した上で結論を出していると考えているため、その問題についてこれ以上意見を交わすことを拒否するだろう。しかし、その他大多数の人はまだ意見を変えられる余地がある。難しいのは、反対の意見を持つ人々に、自分の話に耳を傾けてもらうことである。

もしあなたが訴訟乱用の改革運動を支持しているとしても、原告は金もうけのために訴訟を起こしているのだと非難したり、弁護士を非難したりするのはもってのほかだ。それでは会話はそこで終わってしまうからだ。最初から相手の世界観を否定してしまっては、会話は続かない。その代わりに、議論の出発点となる共通点を探すべきだ。お互いが同意できる場所を探し、そこから始めるのだ。

たとえば、医療制度や法律制度の抱える具体的な問題から始めることもできるだろう。「病院や医者を人口が密集するエリアに増やすべきだ」、「人間は公平に扱われるべきだ」、あるいは「法律制度にかかる過剰なコストを削減すべきだ」など。このように、話し手と聞き手の両者が同意できる大きな問題をスタート地点として、アイデアや意見、議論を交わせばいい。相手が議題について興味を示した後ではじめて改革の必要性を議論でき、考えを変えるチャンスを手にすることができるのだ。

このように、一般的であたりさわりのない発言や、基本原則を語ることによって、中立的な立場で議論を始めることができる。会話の最初に、お互い同じ意見を持っていると相手に感じさせることができれば、話が進んでいっても相手はあなたの議論に耳を傾けやすくなる。一方、けんか腰に「それは違う」「それが正しいとは思わない」などと言えば、相手はすぐに身構えてしまう。自分の意見を守り、自分こそが正しいということを証明し、反撃に出ないといけないと感じさせてしまうのだ。そうなると、ほとんどの場合、説得などできなくなるのだ。そもそも「あなたは間違っている」とか「その間違った考え方を直す必要がある」と言われて、素直に受け入れる人がいるだろうか。

誰でもいいが、二人の人が話しているのをしばらく観察してみてほしい。すると、面白いことに気付くだろう。必ずと言っていいほどほとんどの人が、お互いを認め合わないのだ。

私はときどき、友人や同僚と一緒に、フォックス・ニュースの「ストラテジー・ルーム」という討論番組に出演することがある。彼らほど知的な人々はなかなかいないが、彼らの話をよく聞いてみると、ただ自分の意見に注目されたくて騒いでいるだけにすぎないことがわかる。皆の意見が同じときですら、他人の話を遮って自分の話を聞かせようとしているのだ。

これが私たちのコミュニケーションの現実だ。この番組の場合は、視聴者を楽しませるために出演者がいるわけだから、まあ良いとしよう。しかし、顧客との会話では、相手の話を聞き、肯定し、承認しなければならない。相手に敬意を表すためだけではなく、そうすることで「私はあなたの話を聞いていて、あなたの話に関心を持っています。だから、私を信頼してよいのですよ」という力強いサインを送るためだ。

ルール3：求めよ、されば与えられん

相手を会話に引き付ける目的は、相手に自分から話をしてもらうことだ。もっと言えば、相手が対話の中心になることが理想だ。そのためには、こちらから質問をすることが最も手っ取り早い方法であることが多い。

私たちがセミナーなどでスピーチをする際、よくこのような質問をする。「ずっと自分の話しかしない人と一緒にディナーをしたことがある方はいらっしゃいますか？」すると、しぶしぶ手を挙げる人が必ずいる。営業の現場においても、状況は同じだ。顧客が本当に望むことを見つけようとしない、完全に一方的な営業トークが多すぎる。一方、意義のある、誠実な質問をすれば、心を許せる関係を築くことができる。昔は、「たくさん話せば話すほど、ものは売れる」というルールがあったが、現代ではもう通用しない。新しいルールは、「たくさん質問すればするほど、相手の興味を引き付けられる」である。しかし、その場合の質問は適切なものであることが前提だ。単純に自分の言いたいことを疑問形に変換するだけでは駄目だ。以下に、してはいけない質問の例を紹介しよう。

● 押し付け型の質問：子どもに質問する親のことを想像してみよう。「お部屋を掃除する時間じゃない？」これは、実際のところ質問をしているのではない。自分の言いたいことを押し付けているだけだ。
● 挨拶型の質問：「最近どう？」と尋ねられたとき、質問をしてきた相手は本当に答えを欲しがっているわけではない。これは、社交辞令であって、質問ではない。
● 提案型の質問：「ＡＡＡ格付けの国債を７％の利率で提供できますが、いかがでしょうか？」というような質問をする資産運用アドバイザーは、「はい、購入します」という答え以外は求めていない。

ほかにも、営業トークの歴史を振り返ると、どうしようもない質問がいかに多かったかがわかるだろう。営業マンの自己中心的な質問ばかり。たとえば、次のような質問はよく耳にするかもしれない。

「本日、お車をご購入なさいますか？」
「いくらぐらい投資をなさるおつもりですか？」
「延長保証サービスはいかがですか？」
「ご一緒にフレンチ・フライもいかがですか？」

このような、意図が透けて見える質問を、裸で街を馬に乗って行進した「ゴディバ夫人」（重税を課そうとする領主の夫を戒め、苦しむ領民を救うために行進した）の伝説にちなんで、「ゴディバ夫人的な質問」とでも呼ぼう。心理学者なら、これを「動機付けインタビュー」と言うだろうし、営業マンは「見込み客かどうか判断するための質問」と言うだろう。いずれにせよ、顧客にとってはうっとうしいだけである。こんな質問は、信頼を築くにはほど遠いのだ。

相手を引き付ける質問とは、相手の関心事に重きを置くものだ。面接のときにするような質問ではなく、どちらかというとデートのときに相手にする質問に近い。もちろん口説くという意味ではなく、相手に自分自身のことを話してもらいたいという質問である。

では、良い質問とは具体的にどんなものだろうか？

第一に、一番良い質問とは、質問するあなたには答えがわからないような質問である。相手が何を買うかではなく、何を求めているのかを知るためのものだ。これらの質問を下の表で見比べてみよう。

第二に、良い質問とは、相手に話題を決めさせる質問だ。そうすれば、あなたはその話題に対して次のアクションを起こすことができるのだ。顧客は大体、あなたが何をする人なのか、何のために自分と話をしているのかを知った上で会話をしている。だから、自動車販売員に資産運用のアドバイスをしてもらおうとは思っていないし、その反対もない。従って、一般的な質問をしながら話題を顧客に委ねてしまったとしても、意外とうまくいくことが多い。

このようなやり方は、昔ながらの営業マンにとっては勇気のいることだ。彼らは長年、顧客の選択肢を絞り込む質問をし、顧客を落とすように言われてきたからである。たとえば、古典的な「二択の落とし方」では、「赤がいいですか？　それとも青ですか？」といった質問をする。しかし、現代の顧客は、そんな質問をされれば「いいえ、どちらも結構です。ただ見ているだけです」と言うに決まっている。顧客が何を話したいのかを尋ね、あなたがどのように役に立てるのかを尋ねることの方が、うまくいくだろう。

第三に、良い質問とは、「はい」と「いいえ」で終わらない、オー

相手を引き付ける質問とは

ものを売るための質問	求めているものを聞き出す質問
家族の安全を考えたことがありますか？	あなたにとって、一番大きな心配事は何ですか？
プレミアムサービスにアップグレードしてもほとんどコストはかかりませんが、いかがですか？	どのようなサービスを必要となさっていますか？
今日、この提案をさせていただきたいのですが、ご興味はありますか？	あなたにとっての理想の提案やサービスは、どのようなものですか？

プンな質問だ。「はい」と「いいえ」で終わる質問の場合、主導権は質問をする側にあるが、オープンな質問の主導権は質問に答える側にある。たとえば、「この機能が必要ですか?」ではなく、「どのような機能が必要ですか?」と聞くような質問のことである。このようなオープンな質問は相手の答えを引き出し、相手に対する好奇心がさらに信頼関係をつくるのだ。

昔ながらの営業マンがこのように質問するのは難しいかもしれない。今まで習ってきたことに反するからだ。会話をコントロールし、提案し、取引を決めるといったことである。話の主導権を顧客に渡すことで、会話を意図しない方向に持っていかれるのではないかと不安に感じてしまうだろう。

しかし、それこそが、これからの時代には必要なことなのだ。顧客の望みやニーズを素直に聞くということは、質問したり答えたりすることで信頼を築くチャンスを手に入れられるということである。これにより、今日の売り上げよりもはるかに大事な、長期的な関係を築くことができるのだ。だから、思い切って話の主導権を顧客に渡し、彼らが自ら生産的な関係を築いてくれるのを邪魔しないようにしよう。

マイケル・デュカキス：相手を引き付けられなかったことによる高い代償

1988年にジョージ・H・W・ブッシュとマイケル・デュカキスの両候補の間で行われた米大統領選挙の第二回目討論は、CNNのベテランアンカーであるバーナード・ショーによる、ある質問で始まった。「デュカキスさん、もし奥さまのキティ・デュカキスが強姦され殺されたとしたら、犯人に控訴不可能な死刑判決を希望されますか？」。

この質問に対するデュカキスの答えは、彼の選挙戦にとって致命的なものであった。彼は、死刑制度に対して反対の立場をとっていたことから、質問には「ノー」と答え、その後自らが支持する麻薬撲滅政策について長々と専門的な説明をした。自分の妻が犯罪の犠牲者になったときにどのように感じるかについてはほとんど時間を割かず、すぐさま死刑の反対に言い及んだ。そして、より良い教育や国連半球サミットの必要性に関する長々とした話に移っていった。

一方、ブッシュは、出番が来ると時間を十分に使い、真摯な感情を共有し始めた。「犯罪の中にはあまりにも凶悪で残酷で許しがたいものがあります。だから、私は死刑制度を支持するのです。犯罪の抑制になると思うし、私たちに必要なものだと思います。私とデュカキス氏は、単純に違う意見を持っているだけです。私は死刑制度を支持し、彼はそうではないということです」

このやり取りは多くの人に、デュカキスが無感情で遠い存在だというイメージを植え付けた。テレビ番組『サタデーナイトライブ』の風刺でも、彼は地球外基地からの命令に従う、冷たく、感情のないエイリアンのように描写されるようになった。一時はブッシュに対し15ポイントもの優勢を保っていたにもかかわらず、この討論の後、デュカキスが世論調査で逆転することは一度もなく、結局、選挙で大敗を喫したのだ[18]。

>>>相手の興味を引くためのケーススタディー

製薬業界

製薬業界は、「薬」について話すのをやめ、「人」について話すことがいかに大切かということを苦い経験を通じて学んだ業界である。

今、米国企業に対する不信感は製薬業界にも牙をむいている。米国人は「大きいもの」をすべて嫌うようになっており、製薬業界は米国企業の中でも、最も大きく醜悪な部分を象徴する業界と見なされるようになってしまった。

私は２００６年に、製薬業界について米国全土で広範囲な調査を行った。好景気だった当時においても、消費者は製薬業界に対して怒りを感じていた。それも、高額な薬代や安全の問題に対する不満だけでは説明がつかないような、大きな怒りである。簡単に言うと、製薬業界は消費者よりも会社やＣＥＯや株主を優先しており、説明責任や透明性、倫理が欠如していると思われていたのだ。その結果、人々は、製薬業界は軍需産業以上に規制が必要な業界であるという評価を下したのだ。

ほとんどの人々は、製薬業界が生み出してきた革新的な医薬品の恩恵を忘れてしまっている。自分や周りの人々がその恩恵を受けているにもかかわらず、そのことは話題にすらのぼらない。たとえ薬のおかげで寿命が延び、生活の質が向上したとしても、結局自分たちからお金を取っていく必要悪にすぎない、と考えているのだ。突き詰めると、彼らは自分たちがあたかも人質にとられているように感じ、選択肢がないことに憤っていたのだ。これが、「彼らの真実」である。

これらの意見を聞いてわかったのは、人々の間に根付く製薬業界に対するイメージが、これらの批判的な認識を支えていたということだ。そのイメージとは、次のようなものである。

● 大手製薬企業は、処方中毒になっている。人々は、製薬業界は病気の治療をしたり、予防したりすることには関心がなく、病気を治療するという名目で長期にわたり薬を処方することだけに関心があると考えている。本当は業界が癌の特効薬を隠し持っていると考えている人もいたくらいだ。

● 製薬業界が強欲なせいで、処方薬の価格がつり上げられている。ほとんどの人々は、製薬業界が研究開発より宣伝広告にお金をつぎ込んでいると信じている。また、さらに多くの人は、処方薬の値段が高い三つの原因は、広告費用、過剰な利益、ＣＥＯの高い給料にあると信じている。

● 患者より利益優先。人々は、製薬業界が薬を国内よりも安く海外で売りさばいていることや、現在の医療保険制度では価格交渉ができないことを非難している。そして、本来は患者が優先されるべきなのに、製薬業界の利益が最優先されていると感じている。

さらに、広告の問題がある。米国人は携帯や自動車の広告は受け入れるのに、医薬品の広告は受け入れない。同様に、高級品が高価格であることは受け入れるが、命を救う医薬品の場合は受け入れない。理由は簡単である。患者は医薬品を使わないという選択ができるとはいえ、人々はそれを「選択」とは見なしていないのだ。

このように、世間の人々は製薬業界の中の人間とはまったく異なる視点から物事を見ているため、製薬業界に関する一般的な議論に彼らを参加させるのは難しいように思われた。「彼らの真実」が「業界の真実」と一致していなかったのだ。

この問題に対処するため、私たちは七つの都市でそれぞれ調査を行った。その中には製薬業界のＣＥＯに対する公開インタビューを使ったものや、まったく新しい内容のものも含まれていた。同時に、処方薬を最も利用している高齢者層の意見をしっかり反映させるため、55歳以上の人に対するオーバーサンプリング（このケースでは世論との差を小さくするために55歳以上の人を他の年齢層よりも多く抽出）も行った。このような高齢者を含め約千人の有権者に対して全国的に調査を行った。私たちの目的は、本格的な対話を始めるために、どのようなメッセージが人々を引き付けるのかを試すことであった。

先に挙げた製薬業界に対する三つの悪いイメージの中で、まずは業界が「処方」にのみ関心があると考えられている点について取り上げることにした。製薬業界は、医薬品は病気の予防や健全な生活を送るために必要なものの一つであるということをはっきりと伝える必要があった。以下に挙げる例は、調査の中で有効だと検証されたスピーチの一つである。

私たちの社会は、健康問題を解決する際に医薬品に頼りすぎています。医薬品を使うこ

とが、健康的で生産的な人生を送るための最初のステップであってはなりません。健康的な食事、運動、そして定期健診こそが常に最初のステップであるべきなのです。

私たち一人ひとりは、どのような食事を避けるべきか、どのような運動が実は健康に害をもたらすのかなど、正しい生活習慣を学ぶ必要があります。そして、医薬品だけでなく、通院や手術の必要もなくなるよう、各自がより健康的に生きる術を身につけることが重要です。

しかし、それでも治療が必要になったら、そのときこそが医薬品の出番です。私たち製薬業界の責任は、第一に皆様が健康に生きる手助けをすることです。そして万が一薬が必要になった場合にはすぐそばにいることなのです。

「相手の興味を引く（Engagement）」ことのルールに当てはめながら見てみよう。まず、「彼らの真実」、つまり医薬品を使いすぎている人が多いということを受け入れることから始めている。そして、薬無しでも健康でいられるように各自努力すべきだ、という共感できる点を見つけたのだ。それから、予防をしても健康問題が解決しなかった場合という、医薬品が必要になるタイミングについても話している。

次に「強欲」が製薬業界を支配しているという考えについて見てみよう。製薬業界の利益率は、実際は15％以下（私たちの調査によると人々が許容範囲内であると感じるレベル）である。さらに、その利益の多くは研究開発費に再投資されている。それにもかかわらず、巨大な製薬会社は利益追求に走っているに違いないと疑われているのだ。

この不信感には、単純な理由がある。医薬品のコストに苦しんでいる人々が、実際にいるからだ。低所得層や、定期的な治療を必要としているものの政府による処方薬補助を受けられる年齢に達していない40歳から65歳の人々などである。米国人の3分の2以上は、製薬業界が新たな特効薬を開発するよりも、低所得層に対して低価格か無償で必要な薬を提供する方が重要だと考えている。

コミュニケーションの視点から、私たちには二つの選択肢があった。製薬会社の利益や強欲さに関する人々の意見を変えようとするか、消費者が関心を持っていること、つまり手頃な価格で医薬品を手に入れる方法に関して、多くの情報を提供するか、の二つである。製薬会社の利益が多すぎるという認識を変えることはほぼ不可能なので、低所得層の米国人に、医薬品の入手を援助するプログラムについて教育することが製薬業界に対する考えを変える最善の方法だと私たちは結論付けた。

実際、製薬業界にはさまざまな医薬品購入援助プログラムがある。そして調査に協力してくれたほぼ全員が、これらのプログラムを学ぶにつれて製薬業界に対するイメージが良くなったと答えた。この結果、業界の「強欲さ」の問題についての議論に人々を引き付ける最適な方法は、医薬品購入援助プログラムというまったく違う話をすることだとわかった。

最後に、国内外での薬価の違いという、政治的に繊細なトピックについて見ていこう。ほとんどの米国人は、医薬品を米国国内で買う方が海外で買うよりも値段が高いことを知っていたが、その理由を知っている人はほとんどいなかった。そのため、人々の興味を引き付けるために彼らの考え方に明確に同意し、承認するところから始めた。その次のステップは、価格差が生じる本当の理由について教育を行うことであった。つまり、政府による価格設定が可能な海外の仕組みと、オープンで透明性があり、多くの発明を生み出してきた米国の仕組みとでは、状況が異なるということである。以下がその例である。

他国の患者が医薬品に支払う金額と、米国人の患者が支払う金額を比べると、何かがおかしいのは明らかです。米国人が他の国の人より高い金額を支払っていることが、公平と言えるでしょうか。

他国で同じ病に苦しむ患者が米国人と同じ金額を支払わない限り、公平とは言えないでしょう。しかし、今日の状況はそうなっていません。米国人の患者は、ブランド名が入った薬に高い金額を支払うことが多く、不公平です。

この価格差を生んでいる原因は、国際法にあります。国際法によると、政府が価格規制を行えるカナダでは、米国の価格よりも30％から40％安い価格で薬を売らなくてはいけません。もし製薬会社がそれを拒否すると、特許を取り上げられてしまいます。私たちのつくり出した技術を奪い、自国の会社で製造し、世界中に売れるようなルールになっているのです。

ここでもまた、相手の興味を引くためのルールを使っている。彼らの世界観に挑戦せず、同意することで、共通の立ち位置を見つけたのだ。これによって、少なくとも聞き手が製薬業界の立場を理解しようとしてくれている雰囲気の中で、問題の背景について議論することができるようになる。

この事例においては、まず調査があったからこそ最適な単語、フレーズ、メッセージの組み合わせを見つけ出すことができた。しかし、調査がなくても、このやり方は実践することができる。重要なのはステップを理解し、話し合いの前に相手の興味を引き付けることが必要であると認識することだ。では、別の例を検証してみよう。私が投資家に対し、新しいビジネスアイデアへの出資をお願いしているとしよう。この投資家は大勢の起業家を見てきており、ありとあらゆる売り文句を聞いてきている。私のビジネスは新たなソーシャル・メディアのウェブサイトだが、この分野では毎日いくつも似たようなサービスが登場している。この場合、私なら打ち合わせに向かう前に、次のステップについてしっかりと答えを準備していくだろう。

ステップ1：話す相手は誰なのか？　その投資家はソーシャル・メディアについて詳しい人物だ。彼は以前、大きな利益を約束されていた投資案件が回収できず、苦い経験をしているので、実績のない新たなビジネスモデルには非常に不信感を抱いている。

ステップ2：「彼らの真実」は何なのか？　新たなプラットフォーム開発は困難で、成功する案件はほんの一握りにすぎない。最高のアイデアがあるだけでは成功することはできず、会社がしっかりと経営され、競合他社より多く世間の話題にのぼることが必要だ。幅広い収益の機会があると約束する企業に限って、多くの場合どれも実現しない。

ステップ３：どうやって興味を引くことができるか？　ここで私は投資家に関する私の推測が正しいかどうかを検証するため、質問を準備する。その際、彼の関心を引き付けるように質問を練り、同時に私の返答が個性的なものになるようにすることも重要だ。たとえば、「新しい企業が成功するために乗り越えなくてはならない一番大きな障害は何だとお考えですか？」という質問や、「企業を評価するためには、どの指標が一番重要だとお考えですか？」という質問などが考えられるであろう。

また、単純に私が考える「彼の真実」をそのまま使って、彼の懸念に対処することもできる。私はプレゼンの順番を変え、まずはどのようなステップで売上を伸ばして利益を出すことができるかをはっきりとした言葉で強調する。このアイデアの持つ大きな可能性について話す前に、持続可能なビジネスをつくり上げる重要性について話す。ツイッターやフェイスブックを例に挙げて、まるで自分が同じくらい成功できるかのように話すのではなく、経営陣の一人ひとりが持つ具体的な成功体験について話すとよいだろう。見栄えのいい画像に頼るのではなく、データを正確に伝えることにつとめるだろうし、可能性のある収入源をすべて列挙するのではなく、より実現性が高く、ビジネス価値のより高いものだけに集中して説明するべきだ。

絶対にしてはいけないのは、彼の世界観に反対することだ。その代わりに、彼の持つ世界観に自分自身の接し方を合わせるようにする。もしそれが成功したら、私の方から出資をお願いする必要はなくなる。きっと、彼の方から出資を申し出てくるだろう。

アスピリンから人へ

対話をする前に相手の興味を引くことがいかに大切かを示す良い例の一つが、市販薬のコマーシャルである。バイエルのアスピリンの事例を見てみよう。

60年代の頃のバイエルのコマーシャルは、商品だけを取り上げていた。ある広告では、真剣な面持ちのアナウンサーが唐突にこう切り出す。「どうすれば最も効果的に風邪やウイルスによる発熱を抑えることができるでしょうか？　もちろん、バイエルのアスピリンです」。そして、「医者が推薦するアスピリン」と書かれた大きな看板を指しながら、アスピリンが医学専門誌や健康に関する記事、実際の診療現場においても繰り返し推薦されていることを述べていた。

次に、彼はアスピリンを実験室用フラスコへとつながる長いらせん状の管に落とし、無数の小さな薄片が優しく素早く吸収され、アスピリンがいつでも効果を発揮できるというインスタント・フレーキング・アクションについて語っている。最後に、視聴者が忘れないようにもう一度「熱を冷まし、素早く気分を回復してくれる、医者が推薦するアスピリン」と書かれた看板を指している。通してみると、この30秒間のコマーシャルの間に少なくとも六回は「アスピリン」という言葉を口にしているか、そう書かれた看板を指し示している。

このスタイルは、20年後の80年代になっても大きな変化がなかった。コマーシャルはバイエルのアスピリン錠剤のアップから始まり、次に低い声が重々しく「特許を取得したマイクロコーティング技術を使ったバイエルの新しいアスピリンが出ました」と唱える。薬が喉を通る二つの頭部のシルエットを使い、一つはなかなか喉を通らず、一つはスムーズに通るというアニメーションで薬の飲みにくさを軽減したことを表現する。この30秒間のコマーシャルの間に、バイエルとアスピリンというキーワードが五回ずつ読まれている。

しかし今日、重要なのは薬ではなく人である。最近のコマーシャルでは、家のリフォーム番組で有名な芸能人がアスピリン使用者と共にキッチンテーブルの前でくつろいで話をしている。「ここにいるジョーは会社の帳簿を健全に管理しつつ、家でもしっかりと家計をやりくりしているんだ」。そして、ジョーは15年間癌と闘ってきた者として、健康がいかに重要であるかを語る。ジョーの担当医が心臓のために服用するよう指示している薬の話になって、ようやくブランド名が読まれるが、それもごく手短にしか読まれず、既にコマーシャルは半分以上終わっている。

このコマーシャルの大半を通じて、宣伝役に起用されているこの芸能人は、ジョーの目を見つめながら話に注意深くうなずき、ただ聞いているだけだ。そして、コマーシャルが始まって20秒たたないと「アスピリン」の言葉すら出てこない。それでも、大半の人はこちらのコマーシャルの方が昔のものよりはるかに効果的だと感じている。

>>>独り言ではなく、対話へ

相手の興味を引き付けること（Engagement）は、もはや単なるコミュニケーションのスキルではない。21世紀のマーケティングの根幹を成していると言ってもいい。「*1ブランド・エンゲージメント」や「*2コンシューマー・エンゲージメント」という言葉が、業界の中で頻繁に使われていることが、それを象徴している。しかし、これらの流行語を超えて、今やマスコミで働く人々のほとんどが、メッセージを一方的に大衆に向けて垂れ流すのではなく顧客との対話を成立させることに、未来の可能性を見出している。

このような考え方を一部の知識人だけではなく一般に広め、コミュニケーション方法を変えることこそが私たちの挑戦だ。多くの営業マンは今もまだ、ただの機能説明や専門用語、「殺し文句」などが通用すると思っている。しかし、そんな時代は過ぎ去ってしまった。信頼が失われた時代には、相手が好む話題、つまり彼ら自身について、語らせなければならない。そして、それができるチャンスは一度逃すと二度と来ないかもしれないことに、早く気付くべきだろう。

現代のように物事が進化し、何でも数字で測ることができるようになったこの時代において、その高度な分析結果が示しているのは、皮肉なことに私たちの祖父の時代のようなやり方に戻ることなのである。町の電気屋など地元で小さな店を営んでいた祖父たちは、当時からこのルールを理解していたのだ。まず人との信頼を築くことが先で、ものを売ったり買ったりするビジネスに入るのは信頼が築かれてから、というルールである。すべては相手の興味を引き付けるところから始まって、そこから相手との生産的な対話に移っていけるのである。

一世紀も前に「他人というのは、まだ出会ったことがない将来の友人のことである」と語ったユーモア作家のウィル・ロジャースは、まさに今私たちが信頼を勝ち取るのに必要な考え方を言い当てていた。まだ出会ったことのない友人として相手に接すれば、個人的な信頼関係を築くことができ、不信感に包まれた最初の障壁を乗り越えられるはずだ。これこそが、商品カタログの域を出ない営業トークしかできない、多くの営業マンたちが見逃している、成功の秘訣なのである。

8
あなたのことはどうでもいい
「自分」ではなく「相手」を優先すること

これは僕たち二人の間の問題よりも、もっと大事なことなんだ。
…つまり、僕についてのことなんだけど。
ステファン・コルバート（コメディアン）

合気道は、多くの人が持っている格闘技のイメージの対極にある。合気道では対戦相手の動きの流れに対抗するのではなく、それを利用することを教えている。対戦相手のエネルギーを利用することで、自分の力を最大限に高めて勝負を決める、というものだ。合気道がその他の格闘技と異なるのは、自分を守るためだけでなく、相手も傷つけないようにするための技であることだ。だからこそ、合気道は「気」を「合わせる」「道」と書く[19]。では、アイデアを押し付け、反論を抑え込もうとする人はどうであろうか。そこには、合気道の精神はない。まるで、典型的な映画の中の格闘シーンのように、取っ組み合いのけんかをしているようなものだ。勝つか負けるかのゼロサム・ゲームなので、お互いは力を振り絞って戦う。

お互いが自分の目的を守ろうとし、片方が押し付けると、もう片方は押し返す。これに「バキッ」とか「バシン！」とかいう効果音が追加されれば、完全な戦闘シーンが完成するだろう。これらの会話はお互いが歩み寄れる中間地点を探そうとするのではなく、自分が正しいことを証明することが本来の目的を達成することより大切になってしまっているように見える。

前項では、疑い深い人やあなたの意見に反対したり無視しようとしたりする人に、意見を聞いてもらう方法を話した。先ほどの格闘のたとえをもう少し続けると、相手を会話に引き付けること（Engagement）は、相手をリングに上がらせることに当たる。その後ようやく、販売に関しての話が始まるのだ。相手はまだ懐疑的だが、少なくともあなたの話を聞こうとしてくれている。

実際のセールスの現場におけるやり方は、先ほどの格闘シーンと比べるとさりげないものかもしれないが、結果は同じだ。営業マンは、顧客に対し商品のメリットを納得させ、強い言葉で反論を抑え込むことを販売プロセスとして捉えている。物を売るためには反論を乗り越え、打ち破らなくてはならないという哲学である。疑問の余地がわずかでも残れば顧客は去ってしまうだろうから、多くの販売員は反論を準備し、それが出てきたときには力強く、説得力のある議論を返せるように準備している。

前項では、「彼らの真実」を知ることの重要性と、営業トークの最初に相手の反論を予想した上で用意したメッセージを伝えることが有効だ、と述べた。その次の段階では、相手は情報を得るにつれ、新たな疑問や反論を持つだろうが、その内容はより具体的なものになっていく。商品の場合だと、価格についての問題になっているかもしれない（ここにたどり着く前は、そもそも価格がいくらか以前の問題であった）。つまり、会話の初期段階での相手からの反論は、そもそもの考え方やアイデアに対する反論であるが、この段階での反論は、具体的な内容に対するものである。言い換えると、会話に引き付ける段階（Engagement）においては、高い次元での相手の関心事に訴える必要があるが、次の対話の段階においては、ようやく詳細な内容に移れることになるのだ。

この段階でうまくいく方法は昔ながらの売り文句ではなく、より合気道に近いものだ。信頼関係を築き、目的を達成する最も効果的な方法は、商品を押し付けるのではなく、相手に主導権を握らせることだ。彼らの関心事を優先し、彼らの懸念点を知ることを優先し、彼らの視点を受け入れることを優先する。たとえ彼らがあなたに同意してくれない場面がおとずれても、彼らの支持者であり続けるのだ。

たとえば、あなたは自動車販売代理店の営業マンで、車に試乗する人がいたとしよう。彼女が車から降りて、店のテーブルに戻り「この車を気に入ったのですが、風切り音がすごく気になります」と言った。こんなとき、あなたなら何と答えるだろうか。よく見かけるのは、こんなふうに言ってしまう人である。

● 「この車には、走行性や燃費などの面で、それを補う利点があります」

●「じきに慣れるでしょう。今お乗りの車と少し音が違うので気になるだけだと思いますよ」
●「高性能ステレオをオプションで付ければ、風の音なんて聞こえなくなりますよ」

このような答えは、何としても売りつけようとする意図が見え透いていて、今の消費者は絶対に信頼しない。では、違う方法で答えてみよう。

「音がかなり気になりますか？　私も、そういう点は気にするようにしています。今は些細な問題でも、車を購入した後で、もっと気になってくることもありますから。もしよろしければ、この車の車内の雑音がどのくらいのレベルなのか、技術的なデータをご覧になりますか？　他の車と比べてみましょう」

たとえば、このように話した方が、うまくいく可能性は高い。なぜならば、前者の営業マンは自分の視点を押し付けようとしているので、間違いなく反発されるが、後者の場合、営業マンは顧客の味方の位置についている。自分の視点を押し付けるのではなく、情報の提供者という役割に徹して、あくまで主導権は顧客に握らせている。

これは私たちのさまざまな調査に共通している結果である。消費者は話し合いの場につく際、購入を考えている商品や値踏みをしている事柄について、懸念を持っている。それらの懸念点は些細なものに見えるかもしれないが、通常それらは氷山の一角にすぎない。言い換えれば、もっと大きな懸念を実は抱えているかもしれないということである。先ほどの車の購入を考えている人は、前の車では風切り音に長年悩まされたかもしれないし、もしくは音楽愛好家で静かなドライブを重視しているのかもしれない。そのような人に「すぐに慣れる」と言って説得したり、話題を変えたりしても、考えを変えてくれることはない。逆効果になるだけである。

信頼を得て販売するためにできることは一つしかない。それは、風切り音自体についてはもちろん、それ以外の利点についても、より深く理解する手助けをすることだ。そして、その人が自分自身で決断を下せるようにしてあげることだ。38 Specialという80年代のロックバンドも、こう歌っていた。「あまりきつくしがみついたら、コントロールを失ってしまう」と。

>>>主導権は相手に渡すこと

自分のことしか話さない人との会話はつらい。あなたを対話に引き付けることなく長々と続けられる一方的な話は、聞けば聞くほどうんざりするはずだ。しかし悲しいことに、そんなわかりきったことでも、いざ営業の場面になると忘れてしまう人が多い。相手に商品を買ってもらえそうなチャンスが顔をのぞかせた途端に忘れてしまうのだ。相手がどんな人で、なぜこの商品を欲しがっているのかを考える前に、商品の特徴やセールスポイントなどを話してしまう。その原因の一つは、商品の特徴を覚える方が、一人ひとりの顧客のニーズに合わせるより簡単だからである。しかしそれ以上に、私たちが、「説得」の技術とは「相手を説き伏せる」ためにもっともらしい議論をすることだと教えられてきたせいでもある。言い換えれば、相手を言い負かそうとしているのである。

一方、有能な営業マンたちは必ず、自分たちが話したいことよりも、まず顧客が求めているものを考える。富裕層たちがどんな資産運用アドバイザーを信頼しているか、彼らの話に耳を傾ければよくわかるはずだ。

●「私の話をよく聞いて反応してくれる。慎重だが、話を前に進めてくれる。そこが気に入っている。彼は、いつも私と一緒にいてくれる」
●「いつでも連絡がついて、すぐに返事をくれる」
●「私の目標やゴールを理解し、よく確認してくれる」
●「私がどの程度のリスクを許容できるか知っている」
●「もうけさせてくれた」
●「私の質問に丁寧に答えてくれる。私の話をよく聞いてから、質問に答えてくれる」

ここでは、一人を除いたすべての人が、よく話を聞き、質問に答えてくれることを有能なアドバイザーの条件に挙げている。アドバイザーが売りものにしている投資商品の成績について語っている人は、一人しかいない。また、医療の世界において最も評価が高い医者は、優れた診断力を持っている医者ではなく、患者のために時間を割き、患者の目を見て質問に答えてくれる医者なのだ。このように色々な事例を見ていくと、最も説得力のある議論とは、自分の立場を押し付けようとしないものだということがわかるだろう。

ここに一定のパターンがあることに気付いただろうか？　各事例において一番効果的なのは、自分の利益ではなく相手の利益を優先する手法ということだ。信頼を築くことを優先し、商品の話は会話の最後にする。この項では、不信に満ちた相手から良い回答を得るための三つのステップを提案したい。

ステップ1：相手を認知し、承認すること。
ステップ2：相手に同意すること。相手が懸念している事柄については、より大げさに、細かく理解を示すこと。
ステップ3：新しい客観的な情報を付け加えること。

これらの各ステップは、相手とのコミュニケーションの中で新たな影響力を生み出す。それは、相手と一緒に物事をさまざまな視点から比較検討し、結論を導くための情報を提供するというものだ。

私たちの商品を買わないで

ここ数年、一部の業界の広告やウェブサイトにおいて、興味深いトレンドが見られている。

顧客に、自社の商品をあまり利用しないよう訴えかけるものだ。たとえば以下のようなものがある。

●エネルギー大手シェブロンは「私はもっと家電のコンセントを抜きます」や「私もついにハイブリッド車に乗り換えを考えます」といった、より少ないエネルギー消費を促す広告を大都市の公共交通機関の駅や車内において展開している。これらの広告は、既に車の使用を控え、公共交通機関を使用している人々をターゲットとしている。

●バドワイザービールで有名なアンハイザー・ブッシュの「ビール・リスポンシブル（Be responsible「責任を持て」のBeとBeerをかけている）・キャンペーン」は、未成年による飲酒、大学キャンパスでの暴飲、そして飲酒運転などアルコールの乱用に関する問題を取り上げている。同社の立場表明の一つを例に挙げると、「アンハイザー・ブッシュは、誰であれ私たちの商品を違法に摂取することを決して望んでいません。なぜなら、私たちも人の親だからです。この問題について、他のすべての親と同じ心配をしているからです」

●そして、第１章で紹介したタイレノールの販売代理店によるキャンペーンの事例がある。

これらのキャンペーンを行っている会社は、別に自社を倒産に追い込もうとしているわけではない。ただ、自分たちのビジネスが多くの問題に直面していることを認めているのだ。彼らは、こうした問題の背景について議論を交わし、闘うこともできた。しかしそうはせず、代わりに消費者に問題を認知してもらい、その問題を避ける手助けをすることで、正面から取り組むことを選んだ。この行動を、訴訟や規制を避けようとする下心のある行為だという人もいるだろう。しかし、結果として多くの人がこれらのキャンペーンを見て、これらの企業は商品を売るのではなく消費者のためになる努力をしたのだと評価をした。それにより、これらの企業は少しばかり信頼を勝ち得たと言えるのだ[20]。

ステップ1：相手を認知し、承認すること。

相手の興味を引くことに成功したと仮定しよう。これで、最初の目標は達成しているわけだ。顧客はあなたの話を聞こうとしている。こちらも、「彼らの真実」を理解している。対話するためのスタートラインに立っているのだ。もしかすると、商品について彼らがどう考えているのかを知るために、既にいくつか質問をしたかもしれない。とりあえず、まだ具体的に何かを売ろうとしてはいない。それでも、まだ彼らに懸念があるのはわかっている。では、次にどうすべきなのだろうか？

この段階では、この機に乗じて商品の特徴やセールスポイントを話すのではなく、あなたの弱点をさらけ出すことから始めてほしい。営業トークを敢行して相手の反論を抑えこもうと待ち構えるのではなく、むしろ、そのような反論が相手の方から出てくるのを待つのだ。相手の意見を認知し、承認する。そうしなければ、疑念にかられた人が本当の意味であなたの話に耳を傾けることはない。

まず、「認知」と「承認」という言葉の定義をはっきりさせておこう（この最初のステップそのもので信頼を得られるわけではなく、プロセス全体として機能するので、注意して読み進めてほしい）。「認知する」（acknowledge）と「承認する」（validate）とは、それぞれ異なる意味を持ち、同時に互いに補完し合うものだ。誰かを認知することは、その人が物事をどのように考えているのか、というその世界観を無条件に受け入れることだ。その世界観とあなたの考えが同じであろうと、違っていようと、受け入れるのである。その具体的な事例を挙げてみよう。

ジェーン：すぐに解約のできない金融商品にお金を全額預けてしまうことに不安があります。

アドバイザー：あなたにとっては、資金の流動性や換金のしやすさが重要のようですね。

もう一つの例を見てみよう。

ハリス：私たちの健康が政府の官僚によって管理されることになるのであれば、医療保険制度改革に反対です。

役人：医療保険に入るかどうかは、とても個人的な問題です。この改革によって、今の医療保険制度に悪影響が及ばないようにしてほしいと皆さんが望んでいることは、よく理解しています。

このような「認知」のプロセスとは、相手の話を受け止め、それを自分の言葉で言い換え、それが合っているかを相手に確認する作業である。これによって、相手にとって最も心地の良い言葉を使って話しかけることになる。なぜなら、まさに相手の考えや感情と同じことを口にするのだから。

相手と意見が一致しているときは、認知できるのは当然だ。しかし、意見が違うときにこそ、認知することが大切なのだ。簡単に言うと、認知することによって、つながりが生まれるからである。

「承認」は、この「認知」のプロセスをさらに進めたもので、相手の感情が正当なものであるとはっきりと言うことである。では、例を挙げてみよう。

マックス：リサイクルできない容器を使っている限りは、あなたの会社は環境に配慮した企業とは言えません。

企業：多くの方と同じように、お客様も環境に配慮した企業とビジネスをしたいとお考えのことは、十分に理解しております。

あなたが相手の意見をどう思っていたにしても、その意見に共感する人が実際にいること、そしてその意見は正当であるということを相手に伝えることはできる。営業マンの場合、このように話すことは難しいかもしれない。反対意見を言い負かすのではなく、正しいと認めることになるからだ。相手が商品から（そしてあなたの営業成績から）離れていくときに、「お客様がそうお感じになるのもごもっともです」と伝えることになるのだから。もちろん、これは非常に直観に反した行動であり、難しいことだ。しかし、自分の利益を差し置いて相手の世界観を優先することは、信頼関係を築くベストな方法というより、唯一の方法である。

認知し、承認することによって、信頼を築くためのさまざまな目標を達成することができる。これによって、あなたは次のことを示せるようになる。

1　あなたが相手の話を聞いているということ（これだけでも大きなことである）。

2　あなたが相手の関心や懸念を認知し、それをもっと大きな視野で捉えているということ。言い換えれば、その相手だけではなく、その他大勢の人も同様な考えを持っていると伝えること。

3　会話の主導権はまだ相手が握っているということ。

不信感は、「この人は偏見を持っていて、私のことをまったく理解していない」と相手に思われるとさらに増幅する。従って、まずはそうした考え方を追い払うことが重要だ。認知し、承認することが、そのために最も効果的な方法なのである。

先制的認知

ベビーブーマー世代の多くは、俳優のジェームズ・ガーナーを『ロックフォード・ファイル』というテレビシリーズに出てくる、洗練された探偵ジム・ロックフォード役として覚えているだろう。今や80歳になって、以前より年を取り弱々しく見えるようになったガーナーは、高齢者向けの金融商品であるリバース・モーゲージを販売している会社、フィナンシャル・フリーダムの広告塔になっている。

彼の出演するフィナンシャル・フリーダムの広告は、とても効果的だ。

そこでは彼が軽薄なセレブではなく、しわくちゃのセーターを着たごく普通の隣人であり、ただ資産を正しく運用をしようとしている一人の高齢者として映っている。彼は視聴者の持つ、ごく自然な不信感を認知し、信頼を築くためにカメラを見つめ語りかける。「私もリバース・モーゲージについてあまりよく知らなかったので、この商品に関しては話をしたくありませんでした」。そして、視聴者にただ投資をするのではなく、もっと学んでほしいと訴える。

ガーナーのメッセージが効果的なのは「先制的認知」と呼ばれる手法を使用しているからである。まず懸念について語り、信頼を築いているのだ。高齢の住宅所有者が、月々の収入と引き換えに家の所有権を金融機関に渡すこと（リバース・モーゲージ）に不安を覚えるのは当然だ。従って、この宣伝の主な目的は、無料の教育ビデオを使って学んでもらうことにある。「少なくとも一度あなたも調べてみるべきだと思います」という台詞が、ガーナーが放つ、一番宣伝に近い台詞である。

先制的認知は、正面から懸念点と向き合うために長年使われてきた手法だ。たとえば、１９６９年のフォルクスワーゲンによる小型車「ビートル」の広告は、「かっこ良くはないけれど、目的地に連れて行ってくれる」というキャッチコピーとともに月面に着陸する機体を映している。同様に最近のトヨタ自動車プリウスの広告は、「一番かわいい車でも安い車でもないが、あなたの家族にとって最高の車かもしれません」と言っている。この二つの広告は、世間がその商品について持つであろう最も大きな反論を、広告の中心に持ってくるという最近のトレンドの例である。

ステップ２：相手に同意すること。相手が懸念している事柄については、より大げさに、細かく理解を示すこと。

次のステップは、もう少し感情に訴える必要がある。共通の見解を見つけ出し、それを広げていくのだ。

この考え方は、昔ながらの営業理論や、私たち人間の本能に逆行するものである。私たちは反論に対応するよう教え込まれているが、この「信頼を勝ち取る言葉」ではまったく逆の手法を採用する。相手の懸念を認知し承認するだけでなく、あなたの意見を付け加えることでさらに補足するのだ。つまり、誰かに反論されたときはその相手の反対意見が正論であるということを示すため、それを裏付けるもっと多くの情報を提示して「私もそう思います」と言うのだ。

これは聖書にある「あなたの上着を奪い取る者には下着をも拒んではいけない。すべて求める者には与えなさい」[21]のようなものである。相手の立場になって考え、もしできるようであれば、相手以上にそのことを考えているということをアピールすることで、信頼を勝ち取るのだ。相手の持っている懸念に頷くだけではなく、それを補足する行為は、予想以上であればあるほど、強力なメッセージとなる。

あなたが音楽業界の重役だと仮定しよう。世界中で若者世代を中心に海賊版が広まっている事態に直面している。今や、あらゆる世代の人々がインターネットから楽曲をダウンロードしている。法的に見れば、ダウンロードは著作権の侵害であり、違法であることは明らかだ。しかし、ダウンロードする人々を訴えることは、ＰＲの面では悪夢のようなダメージを被ることになる。実際、私たちの調査によると、ジャーナリストや議員の中にも音楽業界自体が海賊版を増やしている元凶だと考えている人々も少なくない。

では、どうすればこの流れを変えて、違法なダウンロードを制限できるだろうか。それには、まず相手に同意することである。以下に挙げるのは、調査をもとに実際に音楽業界へと提案した三つの対処方法だ。

話の流れを変える

●まずは、ダウンロードができる環境をつくってしまったことについての、音楽業界の責任について話そう。泥棒に入られたとしても、戸締まりをしていなかったのなら少しは自分にも責任があるという考え方があるが、ジャーナリストたちは音楽業界をそういう目で見ている。つまり、ダウンロードされ放題の音楽業界にも少なからず責任がある、ということだ。ジャーナリストたちは、簡単に違法ダウンロードができるということに対して、まずは音楽業界が何かしらの対策を講じるべきだと言うだろう。そこで、あなたが音楽業界の責任として楽曲を保護するべきだという意見を述べることによって、相手の身構えた態度を軟化させることができる。あるジャーナリストが言ったように、「著作権は、それを守りたい人が守るべき」なのだから。

●バランスが必要だということについて話そう。知的所有権についてはバランスの取れた見方をすべきであって、極論はいけない。たとえば、「知的所有権を完全に放棄すべきだ」という極論や、インターネットで『シュレック』を違法にダウンロードした13歳の子どもでさえＦＢＩに通報すべきだというような極論である。違法ダウンロードをなくす責任は、一部の人間にではなく、全員にあるのだという中立的な立場を示さなければならない。

●顧客との間に妥協点を見出そう。あなたが話している相手は潜在的な著作権侵害の犯罪者であるだけではなく、潜在的な顧客であることを忘れてはならない。顧客に向かって話すように語りかけるのが大切である。彼らのためにビジネスモデルを変えようと、いかにあなたが努力を重ねてきたかを話すのだ。新しい、合法的な商品を使ってもらえるよう、妥協点を見出すチャンスを相手に提供するのである。

消費者たちは、違法ダウンロードという形で、彼らが望むものをはっきりと伝えてきた。もし彼らと信頼関係をもう一度築き上げたいと思うなら、音楽業界は消費者が望むものを認知し、承認しなければならない。このケースでは、ダウンロードはすべて窃盗だと単純に考えるのではなく、海賊版を減らすために歩み寄る責任が双方にあると考えるべきだ。

次に、かなりの資産を株式に投資している夫婦がいたと仮定しよう。先月株価が大幅に下落し、この夫婦は資産価値の20％を失ってしまった。彼らは、資産運用アドバイザーであるあなたに相談してくるだろう。まずは、相手の懸念を言い負かすような昔ながらの対処法を見てみよう。

スージー：投資した資産すべてを引き揚げるべきかどうか迷っているのです。年初と比べると、7万ドル（約700万円）以上の損失を被っていますから。

アドバイザー：このように相場が急落しているときこそ、株を購入すべきです。安く購入し、高く売りたいとお考えであれば、今がまさに買いどきだと言えるでしょう。不安を感じて、この機会を逃さないように。これは相場の自然なサイクルなのですから。

このようなやり方は、夫婦の不安や関心を捉えているように思うかもしれないが、実際は選択肢を与えておらず、アドバイザー自身の主張を押し付けただけだ。しかも、この夫婦が本当に話し合いたかった懸念を軽んじている。彼らの損失から目をそらしているのだ。このような言葉を使うことで、アドバイザーは自身のもうけのために信頼関係を犠牲にしてしまうことになる。

では、この夫婦の言葉を軸に、それを認知し、承認し、補足してみようではないか。

スージー：投資した資産すべてを引き揚げるべきかどうか迷っているのです。年初と比べると、７万ドル（約７００万円）以上の損失を被っていますから。

アドバイザー：いいお考えだと思います。一般的に、弱気相場での下落率は通常30％ですが、現在は38％になっています。これは私が経験した中でも、大きな数字です。あなたの投資対象期間を確認して、どんな選択肢があるか、検討してみましょう。

こうすれば、すぐに信頼を得られる。相手の不安を受け止めて、それを、あなた自身の言葉で補足し、あなたが客観的で正確な情報を持っていることを示したのだ。このようなやり取りをすると、相手は購入するかどうかにかかわらず、あなたに相談しようと思うだろう。

懸念を補足する手法は、危機的な状況において特に効果を発揮する。１９８０年代初頭に、タイレノールの痛み止めカプセルに毒物が混入された事件があった。その際、製造会社であるジョンソン・エンド・ジョンソンのCEOジェームズ・バークは、テレビの全国ネット放送で、タイレノールの服用を止め、購入した瓶を薬局に返却するよう呼びかけた。「危険を冒さないでください。引換券をお配りしますので、この危機が去った後、安全だと確信を持てる商品を提供させてください」。第1章の2の「はじめにまず言葉ありき」で語られたジェットブルー航空の場合も同じだったが、両社とも、失われたマーケットシェアをすぐに取り戻すことができた[22]。

では、なぜ私たちはこのように、相手の懸念を認め、さらに補足することができないのだろうか？　それは、私たちが崖っぷちに立たされ、二者択一の選択を迫られていると考えているからである。相手に同意して負けるか、相手の意見と闘って勝つか、の二者択一だ。しかし、私たちの調査結果から言えるのは、相手の懸念を完全に把握したときにこそ信頼を得ることができ、それを脇に押しやろうとすると必ず負けるという正反対の事実だった。心配せずに崖から飛び降りてみるといい。おそらく着地点には信頼関係というクッションが待ち構えており、受け止めてくれるはずだ。

ステップ3：新しい、客観的な情報を付け加えること。

自動車保険会社プログレッシブのウェブサイトを訪れてみると、既存顧客のための専用ページで自社の保険料をリアルタイムに他社と比較している。プログレッシブの保険料の方が安いこともあるが、常にそうであるわけではない。しかし、プログレッシブは事故リスクの高いドライバーに対して特別なサービスを提供しており、彼らにとって販売プロセスの要となるのは、透明性のある情報の提供なのだ。

情報は、信頼の源だ。私たちが売上を上げるのに役立つ情報だけでなく、相手の判断材料として適切な情報すべてが重要である。良い判断をするのに役立つ情報を提供すれば、消費者はあなたを信用し、何度でも戻ってくるだろう。

私たちが口を開くときはいつでも情報を発信しているのだが、客観的な情報はそれ独自のスタイルを持っている。具体例を挙げてみよう。

- 将来の金融市場を不安視している顧客がいるとしよう。そこで、過去の金融危機において、市場がどのような値動きをしたかを確認できるように、オンライン上に情報を提供する。
- あなたの旅行代理店を通して、旅行を予約したいと思っている顧客がいるとしよう。このとき、パンフレットを渡すだけでなく、ホテルやレストランの口コミサイトを紹介して、選択の参考にしてもらう。
- 生活用品の安全性を不安視している顧客がいるとしよう。商品の安全性についてただ一方的な情報を載せている自社のウェブサイトだけではなく、あらゆる実験データを客観的に掲載しているウェブサイトを紹介する。

客観的な情報を提供することを目的としたビジネスをしている企業もある。オンライン書籍販売大手のアマゾン・ドット・コムは、顧客に商品を評価してもらい、そのコメントを投稿してもらう。そこには商品の情報が満載で、まるでウィキペディア（Wikipedia）のページのようだ。一方、本の著者たちには自分の作品に関する動画やブログを投稿してもらう。誰もが簡単に比較することができ、少しでも安い値段で商品を買おうとするオンラインの世界では、コミュニティづくりと誠実な情報公開が重要だ。だからこそ、多くの顧客がアマゾン・ドット・コムで買い物をするのだ。

新しい情報を付け加えるのは、それが顧客との信頼関係を築き、彼らをサポートすることで彼らの世界観に近づくことができる有効な方法だからだ。たとえば、退職金をどこに投資しようか迷っている顧客がいたとしよう。

モーガン：退職後の資産として12万ドル（約1200万円）あります。このお金をどこに投資すべきか迷っています。資産成長型のファンドか、配当型のファンドか、株式型のファンドか……。どれにすべきか見当がつきません。

アドバイザー：多額の資産を投資される前に、こうしたファンドを検討されるのは賢明です。数分お時間をいただけますか。ファンドの違いをご説明いたします。

まず、知っておいていただきたいのは、資産成長型のファンドは、いつも資産が「成長」するから、そう呼ばれているのではないということです。多くの利益が出る可能性がある代わりに、大きなリスクを覚悟した人々がファンドに付けた、投資家の願望を表す名称です。次に、配当型ファンドですが、これは、普通株や転換社債などの配当型の収益を生む有価証券へ投資する、より保守的な投資商品になります。株式型のファンドは、大企業の株式に投資するファンドで、相場全体に比例して中程度のリスクを伴います。

モーガン：どれも魅力的に思えます。成長も狙いたいですし、配当収入も欲しい。大企業の株式も捨てがたい。でも、どの投資も同じように成果が得られることがないこともわかっています。だから、短期的に見て、どれがベストな選択なのか、迷っているのです。

アドバイザー：とてもいい質問です。あるファンドが過去にうまくいったからといって、これからもうまくいくとは限らないことを覚えておいてください。どのファンドであれ、資産価値が増えることもあれば減ることもあります。すべては、これらのファンドが投資している証券の市場での価値が上がるか下がるかということ次第ですから。

しかし、今と同じような経済状況で各ファンドが過去にどのような動きを示したか、そのデータをお示しすることはできます。また、数年前に投資したものが、今どうなっているかを試算することもできます。お望みであれば、このような、ご判断の参考になる資料をご提供させていただきますが、いかがでしょうか。

以上が新しい情報を加えることによる、中立で、客観的な対話の例だ。このアドバイザーは、顧客に各ファンドの違いを教え、顧客が自分で調べられるように資料の提供を申し出ている。大事なのは、アドバイザーが特定の商品を「売ろう」とはしていないことだ。それどころか、投資を呼びかけることもしていない。このアドバイザーが大事にしているのは、信頼を築くことなのだ。ここで得られた信頼自体が、投資を行う動機になるかもしれないということだ。

これらの例は、新しいコミュニケーションスタイルの縮図であり、私たち大半の考え方に反しているが、私たち自身が消費者として望むことと一致している。従って、実はまったく新しいわけではない。影響力や説得力に関する教科書にも、こういう場合には情報を提供し、自身の利益に抗して話をすることは有効である旨が書かれている。ただ最近になってようやく、新しい情報を付け加えることが新規顧客の獲得に欠かせない必須条件であり、昔ながらのやり方を通そうとする人々に勝つために必要不可欠な戦略だと見直されてきたのだ。

しかし、相手にこうするべきだとは言ってはいけない。

顧客が求めているのは、方向を示してもらうことと、その道案内である。しかし、何をするべきかについてはとやかく言われたくないと思っている。このような事例がはっきりと見られたのは、慈善活動のためのとあるプロジェクトの最中だった。このプロジェクトの目的は「寛容な言葉」をつくることだった。社会貢献のために時間やお金を使うのを面倒くさいと感じている人や、気が進まない人を振り向かせるための、効果的なメッセージを探ったのだ。社会貢献といっても、その対象は一つにしぼられておらず、人の役に立つことなら何でもよかった。このとき、このように利他的な試みであったとしても、人を動かす言葉には限界があるということがわかった。もし、人々を引き付け、より多く貢献したいと思わせたいのであれば、押し付けにならないよう細心の注意を払わなければならない。私たちは一度、積極的に自分たちの意見を述べてしまったがために、中立的な情報提供者となることに失敗し、結果として受け入れてもらえなかった経験がある。もっと社会貢献ができるかもしれないということに同意はしてくれても、それをしなければならないとまで感じてくれる人は少なかった。社会に貢献する義務があると言うと、反射的にそれを否定する反応が返ってきた。「社会貢献は良いことだからするべきだ、と言われるのは不快だ。自分が何をするべきかなんて、他人に言われたくない」と、繰り返しこのような返答を聞いた。

うまくいかない言葉

世界中で、たくさんの人たちが苦しんでいます。あなたの近くにも、住む場所を必要としている人、食料が必要な人、教育を受けたがっている人がいます。彼らは、あなたが社会貢献をすることを期待しています。あなたには社会を変える能力と素質があります。無関心という罠に陥らないでください。あなたの周りには、問題を抱えた人たちがいるはずです。あなたの時間を、苦しんでいる人たちに捧げてください。健全な未来を切り開くのは、あなたの責任です。私たちの未来を切り開くのは、あなたの責任なのです。社会に貢献しなければ、明るい未来は訪れません。

このような言葉を何度も耳にしたことがあるだろう。募金を迫るチャリティー。商品を押し付けようとする企業。政治資金の獲得に群がる政治家たち。このような言葉が抱える問題は、それらが客観性に欠けている点にある。社会に貢献するべき理由を与え、相手に決定を委ねるのでなく、それ以上に踏み込んでしまっているのだ。

次に、よりポジティブな反応を得ることができた、別のやり方を紹介しよう。ここでは主導権を相手に残しつつ、具体的なアイデアや方法を提案し、さらにそれを励ます言葉が添えられている。

うまくいく言葉

困っている人を助けるために、遠くまで行く必要はありません。近くの炊き出し所や、ホームレスのシェルターでボランティアができます。地元の病院や学校も、資金がなくて困っているはずです。おそらく、あなたの地域でも社会貢献をする機会を簡単に見つけることができるでしょう。

あなたの時間とお金を人の役に立つために使う機会は、いたるところにあります。近所を歩いて「何かお役に立てますか」、と尋ねるだけでいいのです。

＞＞＞「相手」を想う言葉と思考方法

「自分よりも相手を優先させること」というアプローチは、コミュニケーションの手法であると同時に、一つの思考方法でもある。この思考方法があってこそ、自分の考えを押し付けるのではなく、誠実で信頼できる情報を提供する存在になることができるのだ。金融商品を扱っているのであれ、大統領に立候補しているのであれ、相手はあなたに心を許す前に、まずあなたがどういう人間で、周りの人間に対してどれだけ誠実な心を持っているのかを知ろうとするだろう。この思考方法を実践すると、相手の懸念事項について語りかけるだけにとどまらず、相手の関心事について積極的に語ることになる。最近私はある金融機関のために、富裕層の投資家たちを対象に好感度を計る調査を行った。その調査では、ある資産運用アドバイザーが登場するビデオ画面を見せ、その後感想を聞いた。ビデオの中で資産運用アドバイザーは次のように話す。

今日、昔と比べると私たちの仕事は様変わりをしました。過去の私たちは株式ブローカーでしたから、取引を代行するための手数料をいただいていました。今日の私たちはコンサルタントです。あなたに対し助言を行い、相談をお受けするのです。信頼に基づくパートナーシップの関係に近いものがあります。この関係において、私はあなたと同じ側に立つことができるのです。私の仕事は、あなたに知識をつけてもらうことです。あなた自身で判断を下すために必要な情報を、すべて提供したいと思っています。それによって私たちは、常により良い判断を行えるようになるからです。

彼が話すにつれて、好感度が上がっていったのだ。これは、彼が投資家たちの心をつかむことに成功したことを意味していた。後で私と投資家たちから感想を聞いた際に、「『あなた』という言葉で私の関心を勝ち取りましたね」、「私に勧めてくれているファンドに、彼自身も投資を行っているだろうと感じました」など、ポジティブなコメントを多く聞くことができた。実は彼のアドバイザーとしての信頼性や好感度は両方とも、自分の役割は情報源になることである、と明言したことと密接な関係がある。

以前は、営業マンは大口をたたくようにと教えられたものだ（たとえば、「私には自信があります。ですから、あなたも自信を持ってください」など）。これとは対照的に、今の時代に適したコミュニケーションでは、懸念事項やデータを共有することが重要だ。これはあなたの頭の中から始まり、あなたの想いが言葉となって口から出てくるものだ。従って、これらすべてを行わないと成功がおぼつかない時代なのだ。

この原則は、「奉仕型リーダーシップ」という名前で呼ばれ、特に新しい発想ではない。宗教の聖典や偉人伝にも似たようなことが書かれている。しかし、信頼が失われた時代において、それは絶対に守らなければならないルールとなった。あなたの弱点をさらけ出し、相手に客観的な情報を提供し、相手の利益となることに集中することで、相手との信頼関係を根本的に変えることができるのだ。

9
そういうつもりで言ったのではない
背景や前後関係(Context)が本来の意味を伝える

政治の世界では発言が明確であればあるほど、
たくさんの釈明が追加される。
判事ソニア・ソトマヨールが2001年にカリフォルニア大学
バークレー校のキャンパスで明らかな人種差別的発言を
した際には、彼のようなもみ消しのプロでも
「前後関係が無視されてその言葉だけが取り上げられた」
という最後の言い訳にすがるしかなかった。
トマス・ソーウェル
2009年6月2日付　Townhall.comより

そういうつもりで言ったのではないのに、「前後関係が無視されて、その部分だけが取り上げられてしまった」という弁解を、最近何回耳にしただろうか？　少なくとも何回かはあるのではないだろうか。あなた自身も、自分の発言が誤って理解されたり、誤って使われたことがあるはずだ。

前述の引用に見られるように、ときにはこの「前後関係を無視して取り上げられた」という考え方が、政治的な防衛手段に使われることもある。しかし、それよりも、そもそも前後関係を

添えずに発言してしまったために誤用されてしまったことの方が実際多いのではないだろうか。発言者は、聞き手が自分の意図したように解釈してくれるだろうと勝手に思い込んで、さまざまな事実や意見を述べる。しかし、それに対する説明が省かれ、前後関係も与えられていないとする。そのような話の流れがわからない中では聞き手は勝手に結論を導くので、一般的にその結論が話し手の考える結論と同じものになることは考えにくい。

多くの人々はこの罠に陥る。自分たちの発した言葉やメッセージを相手が自分たちの意図したように解釈するだろうと、致命的な憶測をしてしまうのだ。そして、多くの場合、相手が異なる解釈をするのを知って驚くのだ。

前の二つの項で、不信に満ちた人々に話を聞かせるために必要なことと、自分が相手に対して関心を持っているという事実を知ってもらうために会話を組み立てる方法を説明した。この項では、最後の一押しについて述べる。あなたの営業トークを、あなたが思う通りに解釈してもらうにはどうすればいいか。ここで最も大事になってくるのが「前後関係」である。

コミュニケーションをテレビ画面にたとえて考えてみよう。鼻を押し付けるほど画面に近づいてしまうと、もはやそこに何が映し出されているのかがわからなくなる。画面の一つひとつのピクセルや、それらが何色かはわかるだろうし、チカチカと点滅していることもわかるだろう。しかし、それが全体として何の映像を映し出しているかはわからないだろう。では、一歩後ろに下がれば、少しはわかるだろうか？　二、三歩下がればどうか？　すると突然、ただ一つひとつのピクセルにしか見えなかったものが、燃え盛る炎に包まれた家から子どもを救出しようとする女性の鮮明な映像へと変わった。それぞれ異なる光の点が、感動的なストーリーに変わったのである。少し後ろに下がって全体を見渡すことで、はじめてそれらを理解できたのだ。

前後関係（Context）を伝えるということは、そういうことである。

前後関係とは、一見まったく異なって見える情報に一連の関連性を持たせてくれるものであり、それによってそれらの情報が示している本当の意味が理解できるようになるもののことだ。この前後関係の情報がなければ、日々押し寄せてくる膨大な量の情報を処理し、本当の意味を理解することは難しい。

米国で２００９年を通じて議論された医療保険制度改革について、前後関係を省略して見てみると以下の通りになる。４７００万人の米国国民が保険未加入で、10年で1兆６０００億ドル（約１６０兆円）、国民総生産のおよそ17％が医療に使われ、癌の延命率は世界有数で、米国は他の国より多くの資金を医療に投入している。もっと続けることもできるが、このへんでやめておこう。もし、この件にまつわる過去の事例や、これから先に起こるかもしれないことを理解していなければ、これらの言葉からだけで重要な決断を下すことができるだろうか？

少なくとも、一筋縄ではいかないだろう。

では、なぜ前後関係が重要なのだろうか？　あらゆる事実や数字が手元にあるのに、なぜ前後関係が必要とされるのだろうか。もし、米国が医療保険制度を立て直すのに何兆ドル（何百兆円）も使わなくてはいけないなら、ただそういうことだと言うだけなのではないのか？　ある投資信託の昨年の利益がＸ％だったのなら、ただそう言えば済む話ではないのか？

答えは簡単だ。前後関係がなければ、細かい数字や情報が独り歩きをしてしまうからだ。問題は、あなたが細かい数字や事実を説明するための前後関係を提供しなければ、聞き手はそれらの詳細を好き勝手に解釈し、結論を下すことができるのだ。そしてたいていの場合、勝手に導き出された結論や憶測、あるいは判断は、間違っているか、ひどく見当違いのものが多い。

たとえば、あなたがＭＰ３プレーヤーを売ろうとしていると仮定しよう。新しいモデルはスタイリッシュで、価格も手ごろな上に、８ＧＢもの容量がある。あなたは、このＭＰ３プレーヤーを息子のために買おうか迷っている母親と話をしている。この母親は、パソコンについての一般的な知識はあるものの、ＭＰ３プレーヤーについてはほとんど知らない。この母親がＭＰ３プレーヤーについて事前に下調べをしたり、見て回ったりしていない限り、彼女に対して「このＭＰ３プレーヤーは８ＧＢの容量があります」と言ったところで大した効果は得られないだろう。先日、息子に買ったノートパソコンの容量が１２０ＧＢで、たったの５００ドル（約５万円）だった。そこに、あなたはそれよりもはるかに容量の少ないものを、２００ドル（約2万円）で売ろうとしているのだ。そんな商品に魅力を感じないだろうし、騙されているのではないかとすら思うかもしれない。

しかし、もし話をしている間に、音楽ファイルはそれほど重くないので、ＭＰ３プレーヤーにはノートパソコンほどの容量は必要ないと説明したらどうだろうか。しかも、このプレーヤーには数百時間の音楽を入れることができるため、おそらく彼女の息子が必要とする以上の容量があることや、価格の割に、他の商品と比べてもかなり大きな容量があることを説明していたなら、どうなっただろうか。

もしかしたら、この母親は買ってくれたかもしれない。それは、あなたが商品の特徴に背景（前後関係）を加えて説明したからである。８ＧＢや２００ドル（約2万円）という数字は、ＭＰ３プレーヤーに詳しくない人にはあまり意味をなさないものだ。世間の人々と同じように、彼女が不信に満ちた人であれば、最初に手に取ってみたからという理由だけで、それにお金を払うとは思えない。

しかし、商品に背景や前後関係（Context）を加えて説明することで、その特徴は理解してもらえるようになる。あなたはこの母親にたくさんの情報を提供し、信頼を築き、自分で判断できるようにしてあげた。良い買い物であると納得してもらえるような情報を提供したのだ。さらにもう一歩踏み込めば、他の商品と実際に見比べてもらい、あなたの話が本当だったと理解してもらうこともできる。

先ほどのテレビ画面の例で言えば、これは母親が全体像を理解できるように、テレビ画面から一歩下がってもらったようなものである。このように背景や前後関係を説明するという重要なステップを踏むかどうかで、あなたの勧める商品が受け入れられるかどうかが決まるのだ。

こうした考え方は、既によく知られている。たとえば、マーケティング担当者なら「特徴の前に、効用を語る」という言葉で、心理学者なら「プリミング」という言葉で、そして政治家は「フレーミング」という言葉で、同じようなことを語ってきたのだ。

覚えておいてほしいのは、新しい情報を提供するときは必ず、誤解されないように説明を加えなければならない、ということだ。事実だけではなく、その背景や前後関係（Context）を説明すること、つまり「フレーミング」が必要となるのだ。

この「フレーミング」を学術的に研究した論文でも、同様の結論に達している。同じ情報を伝えたとしても、人はそれぞれ自分の都合のよいように異なる解釈をしてしまう。この理論を研究し、証明した二人の社会科学者がいる。エイモス・トベルスキーと、ダニエル・カーネマンである。彼らは「意思決定のフレーミングと選択の心理学」という1981年に発表された論文において、ある一つの問題がそれぞれ別の視点から提示されると、異なる結論が導きだされることを示して見せた。たとえば、ある病気の問題をテーマに、次のような検証結果が示されている。「600人の命を奪う可能性がある特殊な病気が蔓延しており、私たちがそれを撲滅する準備をしていると想像してください。そして、ここに病気を撲滅するための二つのプログラムが提案されています。両方とも科学的に正確な数字だと仮定してください」。

被験者の第一グループには、次の二つのプログラムが提示された。

プログラムA：「200人の命が助かる」

プログラムB：「3分の1の確率で、600人の命が助かる。しかし、3分の2の確率で、誰も助からない」

被験者の72％がプログラムAを選び、残りの28％がBを選んだ。一方、第二グループには、次のプログラムが提示された。

プログラムC：「400人が死ぬ」
プログラムD：「3分の1の確率で、誰も死なない。しかし、3分の2の確率で、600人が死ぬ」

今度は、78％の人がプログラムDを選び、22％がプログラムCを選んだ。プログラムAとC、BとDは各々同じことを示しているのだが、このように選択肢の中身を変えると（「助かる人の数」と「死ぬ人の数」の違い）、言っていることは同じにもかかわらず、結果が異なるという現象が生じたのである。助かる人の数という視点から提示されると、4分の3の人たちが、確実に助かる人たちがいる方を選んだ（「200人が救われる」）。一方、死ぬ人の数という視点から提示されると、確実に助かる人が同じ人数いるはずのCを選んだのは、わずか5分の1だけだった（「400人が死ぬ」）。

私も五回くらい読まないと理解できなかったのだが、この研究結果を私のような素人の言葉で言い換えると、たとえ同じことを尋ねていても、質問の仕方が変わると、まったく別の反応が導きだされるということだ。だからこそ、コミュニケーションを取る立場のあなたが取るべき行動は、自分の意見、事実、数字などに説得力を持たせるため、正しい前後関係を選ぶ必要があるということである。

私が教えを受けていた教授は、かつてこう言った。「あいまいなものはすべて否定的に解釈されるものです」。この言葉ほど正しいものはないと思う。相手が顧客だろうが、従業員だろうが、一般大衆だろうが、子どもだろうが、あいまいな表現は、相手に都合のいいように解釈されてしまうのである。潔白が証明されるまでは有罪と見なされるこの信頼の失われた時代において、しっかりと背景や前後関係（Context）を説明し、正しい文脈の中に当てはめていない限り、あなたの発言や提示する事実は、あなたの意図に反して解釈される。逆に、きちんと説明できればこのような誤解は避けられ、信頼を築くことができる。それこそまさに、本来の目的なのではないだろうか。

>>>無視された前後関係

メッセージが正しく伝わらない場合

批判を押さえ込むには、ただ「事実」を洗いざらい差し出せばいいと思い込んでいる人たちが少なくない。米国のTVドラマ「ドラグネット」に出てくる勤勉な警察官ジョー・フライデーのように、彼らは、自分の感情についてではなく、事実について話すというやり方を重んじている。合理的な世界では、その方が自分たちの立場が有利になると信じているからだ。

しかし、事実についてだけ話すことにも問題はある。要は、あまりにたくさんの事実がありすぎるという点だ。ある出来事や商品、あるいは問題について事実に基づいて伝えるには、あまりにもたくさんの方法がある。相対的な数字を使うか、絶対的な数を使うか。期間を限定するか、制限なしにするか。一部分の情報だけを伝えるか、知りうる情報すべてを伝えるか。このような策略は、おそらく太古の昔からあったものなのだろう。

保守党首として二期にわたり首相を務めた英国の政治家、ベンジャミン・ディズレーリは、かつてこう言った。「世の中には三種類の嘘がある。嘘、大嘘、そして、統計だ」。これに私自身の言葉を続けたい。「すべての意見にはそれを支持する統計があり、すべての立場にはそれを裏付ける事実が存在する」。政治の世界では、毎日のように「事実」をめぐって議論が交わされている。全員が自分のファクト・シート（事実の情報や数値とその根拠などをまとめたもの）を準備しており、しかも、そのすべてが正しい事実なのだ。

たとえば、あなたがＦＤＡ（米国食品医薬品局）において新たな癌治療薬の販売を許可すべきかどうかという激しい議論の真っ只中にいると仮定しよう。ここで紹介する三つの事実は、いずれも新薬の治験に関するものだ。

１　新薬を服用すると、死ぬ確率が三倍になる。
２　致死率は０・００３％。
３　治験で三人が死亡した。

この治療薬は認可されるべきだろうか。あるいは、陽の目を見るべきではないだろうか。これらの三つのデータは、すべて同じ事実に基づいている。従って、本来であれば導き出される結論は同じはずなのだ。ところが、一番目の事実は、この薬はかなり危ないと思わせるものだし、二番目の事実は、重要な薬の割にはリスクが少ないように見えると思わせる。一方、三番目の事実は、あなたが製薬会社は新薬の開発に伴い一人の命も危険にさらすべきではないと考えている人でもない限り、まったく参考にならないものだ。

かつて、企業や政治家は真実を隠蔽し、自分たちにとって都合のいいように解釈した事実だけを提供していればよかった。しかし、信頼が失われた時代に、そういった試みは不可能に近い。不信に満ちた人々は、確証の無い「事実」や統計には目ざとく、酷評することを好む。また、彼らは与えられた情報が客観的な情報なのか、バイアスがかかったものなのかどうかを嗅ぎ分けることができるのだ。インターネットや競合他社からの情報が、それに拍車をかけている。

この世界では、新薬は家庭で試すようなものではなく、まずは医師に相談すべきものだ。さまざまな副作用が出る可能性もあり、その将来的な有効性は変わるかもしれない。かつて、私たちは物事の概要だけに耳を傾けて、詳細は無視していた。製造者も、消費者にはそうしてほしいと望んでいたのだ。しかし、今日の私たちは情報に敏感になっており、よく注意を払っている。そして、商品説明書の折り込み部分に書かれているような細かい説明書きにまで目を配っているのだ。広告スローガンや商品説明、消費者の声に至るまで、今や疑われないものはない。神聖な事実など存在しない。結局のところ、いわゆる事実の大半は、その場しのぎにつくられたものにすぎないのである。前後関係がなければ、自分の商品や企業についての事実や統計は、ただの数字にすぎないのだ。

今日、話し手が前後関係がいかに大切かを理解できなければ、メッセージは伝わらない。相手に全体像を見せなければ、聞き手は話の余白を自分たちで勝手に埋めてしまう。そして、ポジティブな話ではなく、ネガティブな前後関係を意図的に省いているのではないかと疑いを持つ。結局のところ、前後関係を省くことは昔から、どの分野においても、情報操作でよく使われる手法の一つであったからだ。

このように、前後関係が抜けている言葉を聞いたことがあるだろうか。下の表の右側のように、深読みしてそれらを疑っただろうか。もっと重要なのは、あなたはこれまでに、自分の商品や、会社や、自分自身についてこのように語ろうと考えたことはあるだろうか。もしそうならば、話の前後関係について詳しい説明を求められた場合、どう答えるかよく考えてみることだ。話の背景にある前後関係をあらかじめ説明しないのであれば、いっそのことその話自体をしない方がましである。

石油会社が、代替エネルギーについて話していることを例にとってみよう。石油会社の重役たちは、環境に優しい商品のために投資を行っていることを、必死になって語ろうとしている。藻類から魚油に至るまで、あらゆるものから製造されるバイオ燃料のようなものの生産に

前後関係を説明しないとどうなるのか

前後関係が含まれていない言葉	消費者の深読み
私どもの商品は長持ちします。	他の商品と比べると故障する確率は比較的低い。しかし、故障した場合は平均よりもずっと高い修理費用がかかるはずだ。
この投資は、最も高い利益率が保証されています。	今週に限って、たったの８分の１ポイントだけ他社の商品を上回っただけだ。
私の政敵は、42回にわたり増税に賛成票を投じました。	42回の投票のうち、そのほとんどが減税と増税を組み合わせた通常の予算法案への賛成票のはずだ。
私はしっかりとした意見を持った人間です。	反抗的だということで、解雇されたことが何度もあるはずだ。

ついて語り、もっと効率的でクリーンなエネルギー源がないか調査を行っていることについても語っている。ここでとある巨大な石油企業（ここではグローバルオイルと呼ぶ）が、藻類をベースにした環境に優しいエネルギーをつくるべく、自分たちがいかに努力しているかを伝えようとしていると仮定してみよう。それは巨額の投資であり、ここまで大きなことをしているのだということを人々に認識してほしいと考えている。その会社は、今後10年間にわたって、バイオ燃料の技術に4000万ドル（約40億円）を費やすと高らかに宣言する。自分たちが、グリーンエネルギー革命のリーダーだと言っているのだ。

まさに、会話のこの段階で必要なのが、前後関係である。ここでもしグローバルオイルが、このような簡単なコメントだけしか用意していなかったら、不信に満ちた人々の信頼を勝ち取ることはできない。なぜなら、良いことも悪いことも含め、この説明には背景や前後関係が含まれていないからだ。大企業なら何でも疑ってかかるような消費者は、すぐさまグローバルオイルの真意を疑い始めるだろう。具体的に、何にお金を使うのだろうか？　石油を掘削するのにかかる費用と比べて、どのくらい費用がかかるのだろうか？　巨額の利益を集める企業にとって、4000万ドル（約40億円）は少なすぎる投資額なのではないか？　環境に優しいエネルギーに年間400万ドル（約4億円）投資するといっても、環境に優しくない石油に400億ドル（約4兆円）もの大金を使っている企業にとってみれば、はした金だろう、など。

もっとも、本能的に、前後関係を説明するのを避けたがるのが人間だ。自分が有利になるように意味をあいまいにし、悪いニュースはできるだけ知らせないようにする。たとえば、今学期の成績の中で、数学の成績が一番良かったと両親に伝える子どもは、実はどの科目でもC以上の成績は取れなかったという事実は伝えないものだろう。もしくは、就職の面接に行った夫は、感触が良かったとは言っても、他に57人も面接に来ていたという事実は伝えない。二位になったと誇らしげに語るレーサーは、参加者が二人だけだったという事実は伝えない。自分が不利になるような前後関係は語りたがらない、それが人間の本能だ。

私の研究結果から言えば、このように本能に従って前後関係を語らないのは、大概正しい選択ではない。ポジティブではなくとも前後関係を与え、正しく説明することは、信頼を築くのに着実な方法であることがわかっている。

グローバルオイルの話に戻ろう。同社には、エネルギーに対する思いがあるのだが、わざわざそれを語らずとも、４０００万ドル（約40億円）という数字を提示さえすれば、自分たちが良い行いをしているということは伝わるであろうと、高をくくっていた。しかし、それは間違いだった。ではさらに話を続けて、より多くの情報を提供するとしよう。４０００万ドル（約40億円）は、これまでのどの大手石油企業によるバイオ燃料への投資額よりも巨額であること。その金額は、同社が原油の発掘にかけている費用の二倍に当たること。さらには、不景気や業務の外部委託のせいで職を失った、何百という人々に再雇用の機会を提供できるかもしれないこと。そして、４０００万ドル（約40億円）は、今後の代替エネルギーへの積極的な取り組みの中の序盤にすぎないかもしれないということ。もちろん中には、同社が石油の販売をやめるまで信頼しないという人たちもいるだろう。しかし、このような前後関係を説明することで、グローバルオイルの4000万ドル（約40億円）の投資が、会社の評判を落とすようなことにはならないはずだ。

このたとえからもわかるように、事実を前後関係や全体像に当てはめて説明するやり方は、いくらでもある。本書では、グローバルオイルの4000万ドル(約40億円)の投資プロジェクトを、競合他社の例や自社の他部署における過去のプロジェクト実績と比較しつつ、「雇用」と「経済」という視点に基づく前後関係を加えて説明した。さらに、このプロジェクトに対する会社のコミットメントを強調した。効果的な前後関係をつくり上げるためにどのようにメッセージを構成するべきかという、厳しいルールはない。しかし、前後関係を語るための三つの包括的なアプローチがある。

- 前後関係を付け加えることで、自分の行動を説明する
- 前後関係を付け加えることで、物事を判断する視点を与える
- 前後関係を付け加えることで、相手の期待値をコントロールする

実際には、これらのアプローチが互いに重なることがほとんどだ。たとえば、相手に物事を判断する視点を与えることで、あなたの行動をより正確に説明できる、など。大事なのは、事実や詳細があなたの意図に反して使われないように、あなたが言いたいことが円滑に相手に伝わるように前後関係を加えることだ。

＞＞＞前後関係を付け加えることで、自分の行動を説明する

飛行機に乗ると客室乗務員はシートベルトを着用し、テーブルをもとの場所に戻し、座席をもとの位置に戻すよう乗客に呼びかける。座席から離れず、電子機器の使用を控えるようにも言われる。前方のトイレに列をつくらないように言われる。同じことを何度も注意されるので、もはや暗唱できるくらいだ。私たちがこの要求に従うのは、安全が脅かされているからではなく、そう定められているから従っているだけだ。私たちは、13歳以下の子どもが非常口の列に座れないのは、「連邦航空局ガイドライン」に書かれているから、などということを知っている。誰も航空会社に前後関係の説明を求めないのは、彼らの要求を拒否する選択肢がないからである。

では、客室乗務員が決められたこと以上の要求をするとしたらどうだろう。たとえば、「座席近くのごみを拾ってください」とか、「着陸後に窓の日除けを下ろしてください」とか、一般的な礼儀ではあっても義務ではないことを要求をする際に、どのようにしたら乗客に協力してもらえるだろうか。それは、前後関係を伝えることだ。「なぜ」それをするべきなのか、理由を伝えるのだ。

ジェットブルー航空は、私が知る限りでは、はじめて乗客にゴミを持ち帰ることをお願いした航空会社である。乗客にお願いする際に、そうするべき理由を伝えたからうまくいったのだ。同社の説明は、数人しかいない客室乗務員が機内に残りキャビンを掃除すると、時間がかかる

だけではなくフライトに遅れが生じる可能性もあるというものだった。清掃スタッフを新たに雇うとコストも余計にかかる。もし、乗客が読み終わった雑誌や菓子袋を持ち帰ってくれたら、時間もお金も大幅に節約できるというものだ。これはつまり、「片づけてくれないあなたは怠け者だ」ではなく、「片づけを手伝ってくれるあなたは賢い旅人だ」というメッセージを送ったことになる。みんな無駄遣いはしたくないし、遅れたくもないのだ。

飛行機から降りる前に窓の日除けを下ろしてほしい、とお願いした他の航空会社があった。これも、やはり乗客がコストを節約できるからである。窓の日除けが下りていれば、機内の温度を抑えられる。すると温度を調節するための燃料代を節約できる。燃料代が節約できると、チケットを安くできる。そしてもちろん、環境にも優しい。

どちらのケースも、行動を促すための理由付けを与えているのは前後関係だ。何かを決める（このケースでは、客室乗務員を手助けすべきかどうかを決める）ために必要な情報を与えている。なぜそれが乗客のメリットになるのかを説明さえすれば、信頼を得ることができる。わずかな紙くずを拾ったり、日除けを下ろしたりすることで、実際どれくらいのコストが削減できるのかわからないが、大切なのは、乗客はそうする理由さえあれば、客室乗務員を手助けするのはやぶさかではないということだ。

前後関係を伝えることによって、企業だけでなく個人の行動も説明することができる。あなたが人事採用の面接官だと仮定しよう。そして、ジョン・ドーという人物の採用面接をしていると想像してみてほしい。彼の履歴書には大きな「空白」がある。不信に満ちた人々は、この男性はすぐ仕事を辞めてしまうのではないか、とか、怠け癖がありそうだと考えるであろう。腕を組み、彼の話を聞かなくなってしまうに違いない。しかし、もしジョンが本書を読んでいたとしたら、あなたとの会話は次のようなものになるだろう。

あなた：「職務履歴に空白期間があるようですが、何があったのか教えていただけますか？」

ジョン：「その部分について、ご質問していただけてよかったです。実は私たち夫婦は息子が生まれた後に、妻と私のどちらかが家にいることに決めました。託児所で息子が過ごす時間を少なくすることができるからです。私が家にいることにして、その期間で技術認定資格の取得に向けて勉強し直すことにしました。実際、その時期にシックス・シグマ（経営品質の改革活動）の推進リーダーの資格を得ることができました。私自身にとっても、前の雇主にとっても良い結果になったと思います」

そうか。なるほど。あなたは突然、ジョンを採用しようと前のめりになる。彼が自身の行動の背景を説明することができたからである。彼は悪い情報（就業していない時期）と良い情報（特別な認定資格の取得）を提示し、結果としてあなたの信頼を得たのである。

社内コミュニケーションにおける背景情報（Context）

効果的で信頼できるコミュニケーションを行うことによって得られる効果が最も高いのは、社内コミュニケーションである。中小企業であろうが、大企業であろうが、企業の発する言葉の方がその企業が起こす実際の行動よりも企業価値に大きな影響を与えることがある。言い換えれば、企業の良し悪しは、企業がどのように自分たちの行動をコミュニケーションを通じて伝えるか、ということによって判断されてしまう。私は過去数年間で、大規模な改革やリストラを行ったいくつもの企業が、こうした失敗を犯してきたのを目の当たりにした。こういうときこそ、経営陣が効率的に社内コミュニケーションを行わなければならない。もし失敗すれば、何年にもわたって築き上げてきた信頼関係が、ものの数日間で崩れ去ってしまうのである。

当たり前のことだが、重大な発表（リストラなど）があった際に従業員がまず知りたいことは「今日、自分の身に何が起こるのだろう?」「まだこの仕事は続けられるだろうか?」といったことである。これらは、やる気があるからではなく、自分の生活がかかっているから出てくる疑問だ。もし解雇するのであれば、従業員のやる気など会社にとっては重要ではない。しかし、その従業員がまだ会社に残留するということになれば、やる気は重要だ。一体何が起きたのか、どうして起きたのか、ということを、残留する従業員のやる気を削がない方法で知らせる必要がある。

ここからが、興味深いところである。おそらく経営陣は、従業員がこの時点で知りたいと思っていることは、何が起きているかという事実の詳細だと考えるのではないだろうか。数字や、統計などの具体的な情報のことである。しかし、実はこれらは従業員にとってそれほど重要ではない。彼らが求めているものとは、「理解すること」である。会社が取っている行動の裏にある、理由を知りたいのだ。つまり、彼らは「背景や前後関係（Context）」を求めている。これは、企業の先を見据えたビジョンのことではない。今の時点では将来のことまで考える余裕はないからだ。彼らが知りたいのは、その企業がなぜその決断をしたのか、そしてどんな基準をもとに決定したのか、である。

ある世界的に大きな企業において、従業員が解雇された直後、経営陣への信頼が大きく揺らいだことがあった。組織が肥大化して官僚主義的であったため、実際のところ従業員はリストラを行ったこと自体は支持していた。しかし、リストラの基準を経営陣が明確に示さなかったことを非難したのだ。能力があるのに首を切られる人がいる一方、能力的に劣って見える人が会社に残っていたからだ。経営陣が、リストラを行ったことの背景を説明しなかったため、従業員たちは勝手に悪い方に想像し、政治的な判断で解雇する人を選定したに違いないと決めつけた。その結果、経営陣に対する従業員たちからの信頼は、打撃を被ったのだ。

>>>前後関係を付け加えることで、物事を判断する視点を与える

ここ数年、化粧品や生活用品をつくる企業は、商品に含まれるパラベンのおかげで非難の的となっている。パラベンは、口紅からベビーローションまで、あらゆるものに含まれている。では、パラベンとは何だろうか？　どうも怖そうな名前である。あまり使わない方がいいものなのだろうか？　パラベンとは、商品にバクテリアが繁殖するのを防ぐ防腐剤である。では、それを知った上で、パラベンを含むマスカラか、それともバクテリアが繁殖したマスカラか、どちらの方が恐ろしく聞こえるだろうか。

このように言っても、一部の不信に満ちた人々は、なおも信頼しない。なるべく添加物が少ない商品を好む人もいるからだ。では、天然のものが本当にいいのだろうか。パラベンを語る際にもう一歩踏み込んで、さらなる情報を付け加えることで、前後関係を伝えることができる。このような防腐性のある物質は、天然のブルーベリーやサヤエンドウなどにも含まれており、毎日の食事でも自然摂取されている。パラベンは安全な成分で、化粧品を安全に保つ天然由来の防腐剤なのだ。こう伝えると、消費者はどう感じるだろうか。まだパラベンが恐ろしいと思うだろうか？　私たちの調査によれば、この時点で彼らはあなたの話に耳を傾けるはずだ。「恐ろしい」成分には意識が向かなくなり、商品の利点に注目するようになる。

こうして、新たな視点を与えると、たとえどんな商品を売っていたとしても、消費者は安心感を持ち関心を示し始める。あなたの商品、その成分、製造方法にも安心感を持つ。情報を付け加え、

明確に説明することによって、相手があなたを信頼してもよい理由を与えることになる。疑問をプラスの材料に変えることができるのだ。信頼が失われた時代では、そのような些細な利点でも、消費者と会話を続けるための糧となり、ひいては商品の成約につながるかもしれないのだ。

不信に満ちた人々は、頻繁にオンライン上で商品について調査を行う。彼らはグーグル検索を使い、ウィキペディアを読み、世界中の人が書いたブログを読む。たとえばベビー用品について書かれた母親のブログ。ジムの設備について書かれたアスリートのブログ。授業や教授について書かれた大学生のブログ。参考にできる情報があまりにも多いため、消費者はそれをかき分けて進まなければならない。誇大広告と真実とを見分けることが、ますます難しくなってきているのだ。前後関係の説明がされていない、根拠のない事実と情報は、ただの雑音にしかならない。この状況を打開するためには、ただの情報だけでなく、物事を判断する視点を提供しなければならない。そうすることにより、その問題についての情報を整理する手助けとなるだろう。

乳製品業界で行った調査から一つの例を挙げたい。「ＩＧＦ-１」という単語をグーグルで検索すると、データ、ブログ、科学記事、個人の意見などが凄まじい件数でヒットする。それらを見ると、ＩＧＦ-１がミルクや他の乳製品に含まれている化学物質だということがわかるだろう。さらに、ＩＧＦ-１が腫瘍の検体検査で発見されたと書かれている記事を見つけるだろう。この成分は、癌との関係を指摘されているものであるということがわかる。

牛乳製造業者にとって、これは大問題だ。彼らは、ＩＧＦ-１が含まれていると危険だという議論を絶対に認めない。製造者たちも牛乳を飲んでいるし、子どもにも飲ませている。妊婦も飲んでいると言うのだ。しかし、自分たちがいくらＩＧＦ-１は安全だと言ったところで、消費者は簡単には信頼してくれないことを恐れている。では、どうすれば牛乳製造業者はＩＧＦ-１に関する説明を聞き入れてもらい、消費者との信頼関係を築くことができるだろうか？　私たちは、国内の牛乳を飲む人々数百人と話した。そこで、新たな視点を与えることで、この問題を解決できることに気が付いた。次の情報を見てみよう。

ＩＧＦ-１が腫瘍の中に見つかったのは事実ですが、一方でＩＧＦ-１が私たち人間の体内で自然に生成されるということも、また事実です。平均的な人の体内で一日の間に生成されるＩＧＦ-１の量は、何ガロンもの牛乳を飲んだ場合に摂取されるＩＧＦ-１の量よりも多いのです。

これで、もはやＩＧＦ-１の問題は広報担当者にとって悪夢ではなく、単なる視点の欠如として捉えられるようになるだろう。この情報を簡単に信頼しない不信に満ちた人々もいるが、グーグルやウィキペディアで検索したり、ＦＤＡ（米食品医療品局）や国立衛生研究所のウェブサイトを見たりすることによって、それが正しい情報だということがわかる。

事実には、それだけを伝えると誤解されてしまう可能性がある。逆に言えば、あなたの会社や商品に関するネガティブな情報であったとしても、きちんとした視点さえ提供すれば、中和されることもあるのだ。

残念なことに、ポジティブな事実についても同じ原理が適用される。商品の宣伝をするために使われる複雑な統計学や、専門的なデータとなると、その傾向は特に顕著である。そういうデータは、確かに正しいし、一見良さそうに見えるものだ。問題は、消費者はそれらのデータを理解できないということだ。彼らはあなたより頭が悪いわけでも、直感力に欠けているわけでもない。単純にその情報を理解するためには、前後関係（Context）が必要なだけだ。たとえば、地元のスーパーで環境に優しい食材を探している消費者がいるとしよう。この人は、エコ自動車のプリウスを運転し、リサイクル建材を使って建てた家に住んでいる。ホールフーズ（高級自然食品店）のような自然食品を多く置く地元スーパーで買い物をする。あるとき、スーパーの商品棚のシリアルのコーナーへ行き、二種類のシリアルのうちどちらを買うべきか迷っていた。両方に「環境に優しい」と書いてある。両方とも、新しい革新的な技術を採用して穀物を育て、商品化しているようである。一つ目のシリアルには「これらの穀物を育てる新しい工程の導入で、本品一箱につき環境へのダメージを７％軽減することに成功しました」と書かれている。二つ目のシリアルには「この新しい栽培工程を米国における20％の農家が採用した場合、年間50万台の自動車を道路から一掃するのと同じぐらい環境に良い効果があります」。これらを読んだ彼は、どちらを選ぶだろうか。あなたならどうだろうか。

実は、このラベルは両方とも同じことを言っている。つまり、環境に優しいというポジティブな事実を語っているのだ。しかし、一つ目のラベルは数字を使って説明しており、消費者はこの数字をどう判断していいのか迷うだろう。一体７％という数字が何を意味しているのか。多いのか、少ないのか。迷ってしまうのは、消費者が愚かなわけでも、無知なわけでもなく、ただその数字をどう判断するかの視点が与えられていないからだ。一方、二つ目のラベルは、この取り組みが自動車何台分に当たるかという観点から、環境に及ぼす影響を消費者がより具体的に理解できるように説明しているのだ。同じ情報を、違う視点から提示している。このように、ポジティブな情報についても前後関係を示すことで、相手に問題を正しく判断する視点を与えることができる。

さらに、前後関係を伝えることが、聞き手の思い込みを打ち破る新たな視点を提供することにもなる。私たちは、自分自身の文化、習慣、資産、年齢などから生まれる固定観念のフィルターを通して情報を判断していることが多い。自分に関係のないメッセージは聞き流し、関係あるメッセージは聞き入れる。たとえば、富裕層が投資をするかどうか決める際には、他の人々と比べて、投資対象に関する詳細なデータを欲しがる。このような現象を、私たちは「富裕層の不信感」と呼んでいる。彼らのような富裕層と取引をするために、資産運用アドバイザーは過去のデータやグラフ、比較統計などたくさんの情報を提供することで、固定観念のフィルターを打ち破らなければならない。また高齢の投資家に対しては資産の保全、若い投資家に対しては資産の成長など、さまざまなニーズに対応することで、信頼を得ることができるのだ。消費者の考え方に合わせた前後関係を伝えることは、今のコミュニケーションにおいて不可欠なのだ。

社会人になったばかりの20代の若者を例にとってみよう。彼らに、退職後に向けた貯金の話をしても無駄だ。退職後のことなど、１００万年も先のことのように感じられるからだ。配当収入を増やす可能性についても同じだ。このような「役に立たない」情報は、彼らのフィルターを通過することはできない。彼らの頭の中は、むしろ次の自動車のローン支払いや学生時代の学生ローンの返済のことでいっぱいだろう。しかし、正しい情報を伝えることで、彼らの考え方、つまり固定観念のフィルターをうまく利用することができる。ただ、運用の複利効果について話すだけでは駄目だ。それを理解するための前後関係と視点を提示して、複利とは一体どのようなものなのかを具体的に説明するのだ。

アドバイザー：年に２０００ドル（約20万円）の投資を行う場合、20歳から30歳の間だけ拠出をする方が、30歳から65歳の間ずっと拠出をしている人よりも、多くの退職後資金を蓄えられる、ということをご存じでしたか？

お金には金利が発生することは誰でも知っているが、時間を味方につけることによって、若い世代の人々の将来をいかに楽にすることができるか、ということを知っている人は少ない。この若者には、退職後という言葉は響かないかもしれないが、人生の大半をあくせくと働かなくてもいいという言葉ならば、きっと響くだろう。物事を相手の視点を通して見ようとし、相手の立場に合った質問を投げかけることによって、使うべき前後関係はどのようなものであるか自ずと見えてくるはずだ。

相手について知ることによって、相手の心に響かない前後関係を説明してしまう失敗を避けることもできる。たとえば、既婚女性は家庭内で二番手の稼ぎ手だと見なされることを好まない。特に、彼女たちが医師や企業の経営最高責任者だったりする場合は顕著だ。また、世界大恐慌やその恐ろしさを経験した高齢の富裕層の人々は、元本保証という謳い文句は信頼していない。それよりも資産の分散について聞きたいのだ。そして２００８年のリーマン・ショック以降の金融市場では、自分自身のことを「投資家」であると考えている人の数は、かつてないほどに少なくなっている。

>>>前後関係を付け加えることで、相手の期待値をコントロールする

前後関係を付け加えることは、会話を立て直すチャンスを与えてくれる。たとえ、ネガティブな方向に進んでいるような会話でも、相手に期待感を持たせることで方向転換することができる。たとえば、あなたが自社の業績について説明をするとしよう。自社の業績を、業界の一部の会社と比べることもできれば、数多くの会社と比べることもできる。また、自社の昨年の業績と比べることもできるし、年初に設定した目標と現在の進捗を比べることもできる。自社の株価は、市場の動きに出遅れているかもしれないが、実は社内の業績予測と比べてみると劇的に良かったかもしれない。このように、前後関係によっては、悪い状況（株価が市場平均を下回っている）も実際には問題がない（業績目標を達成している）こともある。

たとえば、ある大学に願書を提出している二人の受験者がいるとしよう。この大学（X大学とする）は、面接を行わない選考方法を取っており、合否の判断は成績証明書のみで行ってい

る。志願者Ａは全教科で平均的な成績を収めており、ＳＡＴ（米国の大学入学試験に広く使われている大学進学適性テスト）でも大学入学をぎりぎり満たすスコアだ。成績は学年で50番だった。一方、志願者Ｂは優秀な成績を収めており、ＳＡＴでも高得点をとっている。成績は学年で二番だった。あなたがＸ大学の関係者なら、どちらを入学させるだろうか。明らかに、志願者Ｂだろう。

では、この二人の学生が別の大学（Ｙ大学とする）に願書を提出したとしよう。この大学では、成績証明書とともに、エッセイや面接も用いて合否判断をすることになっている。志願者Ａの名前は、実はネイサンという。彼の高校は全米トップクラスの有名高校で、彼の同級生は４００人いる。彼の高校には、大学の単位を取得できる八つのＡＰ（米国のハイスクールで成績上位者のみが認められる大学の単位を取得することができるクラスのこと）コースと四カ国語のクラスがあり、ネイサンはそのすべてを受講していた。その他にもたくさんの課外活動にも参加し、全米科学コンテストでは上位入賞を果たした。一方、志願者Ｂの名前は、ジュリーという。彼女の高校は、同級生が32人の私立高校だ。彼女はＡＰコースを一クラスしか受講していなかったし、難易度が低く、単位を取得しやすい授業を受けていた。放課後に、課外活動や部活動をすることもなかった。

さて、あなたがＹ大学の関係者ならどちらに入学を許可するだろうか。オールラウンドな理系の学生ネイサンか、怠け癖があるジュリーか。この二人の成績だけを比較すると、どちらを入学させるかはあまりに明らかだ。しかし、もしこの志願者たちの成績を正しく理解するための前後関係を付け加えると、彼らに対する期待値は変化し、結果はまったく違うものになる。この情報が事前に手に入っていれば、X大学の関係者も、単純に成績だけが優秀に見える志願者B（ジュリー）よりも、志願者A（ネイサン）を選んだかもしれない。

もちろん、これは極端な例の一つにすぎない。では、実際のコミュニケーションにおいて、どのように前後関係を説明し、相手の期待値をコントロールすることができるだろうか。そして、それによって、相手が自分に対して持っているイメージや固定観念を変えることができるのだろうか？

あるローン会社から、効果的なカスタマーサービスをするにはどうすればいいかという相談を受けたことがある。具体的には、慢性的に返済を滞納する顧客に対して、どのようなメッセージを送れば効果があるのかという相談だ。彼らにとっては、いかに顧客の関心を引き付け、ブラックリスト入りしないようにしてもらうかが鍵である。しかし顧客にとっては、ローン会社はなけなしの貯金からお金をもぎ取ろうとしているようにしか見えず、ローン会社からの電話は苦痛以外の何物でもない。では、どうすればこの状況を変えられるだろうか。その答えは簡単である。相手の固定観念を変えることだ。ローン会社からの電話は、大抵「滞納金を回収するための電話」だ。たとえ電話口の担当者が優しい話し方をしていても、結局は敵対的な電話にすぎないのだ。しかし、滞納をする多くの人が抱える問題は、返済したくないのではなく、支払う能力がないということだ。彼らは借金返済のために、別のローン会社からも借金をしており、どちらを先に返すべきか頭が混乱しているのだ。

会話の流れを変えるには、二つのキーポイントがある。一つ目のポイントは、共通の目標を掲げて、「敵」から「パートナー」へと変わることだ。そして「パートナー」へと変わるには、顧客の最大の不安が何かを知ることが大事だ。二つ目のポイントは、相手に新たな視点を与え、ローン会社からの電話に対するイメージを変えてもらうことだ。お金を取り立てる電話ではなく、顧客が滞りなく返済するためにどうすればいいかを一緒に考えるような電話に変えていくのだ。

「パートナー」的なアプローチ

「私どもは、お客様のご返済のお手伝いをしたいと考えているのであって、家を差し押さえようなどと言うつもりはありません。この電話の目的は、お客様と一緒になって、滞納しないように対策を考えることです。ご返済ができるように、多くの選択肢をご用意しております」

このように、相手の持っている固定観念を変えたことで、ローン会社と顧客の双方が期待するものが変わったと言える。企業側のメッセージは、もはや今すぐに返済してもらうことを目的としていない。むしろ、返済スケジュールを設定するものだ。一方で顧客側も、もはや脅されていると感じたり、プレッシャーを感じたりしなくなる。当然、借金を返済しなければならないのだが、そうするためのいくつかの選択肢も与えられたのだ。この結果、顧客は心を開いて会話をするようになった。なぜ返済できなかったのかを自分から話すようになり、最終的にはかなりの確率で返済ができるようになったのだ。

メッセージの前後関係を付け足したり流れを変えたりすることで、あなたは相手の期待感をコントロールすることができ、自分の目標も達成することができる。さらに、相手や状況に応じて適切に期待値をコントロールすると、話の流れは自然と会話の中で最も大切なもの、つまり顧客の話に戻っていく。

>>>行動の中の前後関係：言語レンズ

ある商品や問題について説明する際、どのような前後関係を説明するべきか、ということは、顧客の立場を正しく伝える方法を考えるのが仕事の私の会社にとって、極めて重要なポイントである。私たちは、聞き手の興味を引き付け、彼らの関心が何にあるのかを理解し、懸念や問題があればそれが何なのかを確認する。これらが済んで、やっとなぜその商品を買うべきなのか、またはその事柄に関して同意するべきなのか、という話に移ることができる。私たちの目的は、消費者が心を開き、私たちの顧客である企業の声に耳を傾け、企業の思った通りにメッセージを受け取り、解釈するようにすることである。そのためには、その事柄について伝えるために話すべきさまざまなポイントを用意することから始める。

医療問題に関する討論に参加してみよう。現在の法律であるメディケアパートDは、議会を通過したときから非常に話題となった。最も物議を醸す要素となったのは、医薬品の価格に関して連邦政府と医薬品メーカーが直接交渉することを禁止する、という部分であった。メディケアパートDが施行された現在においては、連邦政府ではなく個々の保険会社が医薬品価格の交渉をしている。しかし、この法律にはいまだに反対者がおり、政府が何百万人もの患者の保険を保証している事実を利用して医薬品メーカーと直接価格交渉をすれば、医薬品の価格をすぐにでも下げることができると主張している。この問題について、私たちは賛成派のサポートの依頼を受けた。下のリストは、私たちが作成した話すべき論点20個のうち、四つについて法律を支持する

論点別 2つのアプローチの違い

論点		法律を支持するアプローチ	反対意見を攻撃するアプローチ
選択	アプローチ	現在の法律は、幅広い種類の医薬品や料金オプションを提供している。	政府が医薬品業界と直接交渉することによって、医薬品の種類や料金オプションが限られてしまう。
	メッセージ	「これは個人の選択の問題であり、高齢者一人ひとりに最適なプランを探すためのものだ」	「画一的な医療保険制度になってしまう」
規制	アプローチ	現在の法律のおかげで、高齢者は自分で健康保険を管理することができる。	政府が医薬品業界と直接交渉することによって、高齢者の自己管理が難しくなる。
	メッセージ	「高齢者の方も、彼らの医師たちも、どの薬を飲用するのかきちんと自分の手で管理するべきだ」	「政府によって管理された医療保険制度になってしまう」
料金と手ごろさ	アプローチ	現在の法律は、高齢者にとって医薬品の価格を下げる効果的な手段である。	政府による交渉が行われると、料金が手ごろでなくなる。
	メッセージ	「大半の高齢者にとって、処方薬に支払う料金は過去最低になっている」	「固定料金になり、交渉の余地はなくなってしまう」
政治（キャンペーン）	アプローチ	現在の法律によって、医薬品価格の決定から政治的な要素は外されている。	政府による直接交渉は、政治的なものであり、国民にとって良い政策ではない。
	メッセージ	「医療保険制度から政治的要素を取り除こう」	「料金を下げるよりも、支持率向上のネタにされてしまう」

アプローチと反対意見を攻撃するアプローチ面からまとめたものである。それぞれのアプローチは、この法律が変わることによってどのような影響が考えられるか、市場や多くの専門家たちの意見を反映して作成されたものである。私たちの仕事は、さまざまなメッセージの中から、最も説得力のあるアプローチを見つけ出すことだった。

これらの各メッセージは、証拠または事実によって裏付けされており、さらにその理解度や明確さ、信憑性、そして説得性があるかどうかをテストされている。その結果によって、どのアプローチを取るのが最適かを見極めることができるのだ。

前後関係の中に信頼感を取り入れる

あなたが読み終えたこの章は、本書の中で一番物議を醸す章だったかもしれない。私は本書を通じてずっと信頼について語ってきたが、この章では、聞き手の「事実」に対する解釈を変える方法について説明している。人の考え方をコントロールしようとすることこそ、政府が長年やってきたことであり、米国における信頼を殺してしまった原因ではなかったのか、と思うかもしれない。

その答えはイエス、である。実は、こうした戦略は、選挙戦や広告キャンペーンで、インパクトのある言い回しを生み出すために使われてきたものと同じものである。私たちは今、情報がいつでも自由に手に入る時代に生きている。もしあなたが意図的に伝えていない事実があったとしても、それはインターネットで即座に検索され、見つけ出されてしまうだろう。しかし、あなたの話に前後関係を添え、反対の側面について話すのは、「あなたが自らやるべきこと」であって、競合相手や敵方が勝手に相手の視点から情報を付け加えることを許してはいけない。

商品やアイデアを売るという行為はすっかり変わった。もはや営業マンの一方的なアプローチは通用せず、信頼できる情報源になることが求められている。「信頼を勝ち取る言葉」を使い、一番先に顧客にメッセージを届けられるようになろう。もし出遅れてしまうと、相手に自分のメッセージの真意や前後関係を理解してもらえず、その後苦戦することになる。信頼を求めるこの新しい時代においては、「前後関係がすべてである」ということが、今まで以上の意味を持つ重要なポイントになっているのだ。

＊１　ブランド価値を最大化させるために企業が継続的に消費者にブランドの浸透を働きかけること
＊２　消費者が特定のコンテンツや商品、ブランドに対して、好感やロイヤルティーを抱いたり、ブランドの共同所有者であるかのように、自ら進んでブランドなどの浸透を周囲に働きかけたりするなどの行動を取ること

第4章
メディアとメッセージ

私は仕事をする上で、顧客のためにメッセージを考えそれを試すことに、多くの時間を費やす。メッセージを実際の状況に当てはめるのは、大変な作業だ。実際には、本書に書かれている内容が通じないことも多い。たとえば私の顧客の中には、評論家にこっぴどくやられるまでは教科書通りに対応できるが、一度批判にさらされると、耐えられずに本来のやり方から逸脱してしまう人たちがいる。また、中には「人々は物事の前後関係にまでは耳を傾けない。事実を欲しがっているだけだ」という人もいる。しかし、その通り淡々と事実を伝えているのに売り上げが伸びないのはなぜかを理解できないでいる。実際、本書で勧めている方法には、実践すると違和感があったり、困難だと思われるものもあるだろう。しかし、続けていくうちに、どういった言葉遣いをすればうまく相手を説得できるかを学ぶことができるだろう。

最終章では、ここまで学んだことを実践するためのポイントを二つ紹介したい。

一つ目は、今まで本書で学んできた「信頼を勝ち取る言葉」をデジタルの世界において、どのように活用するべきか、ということだ。デジタルメディアの台頭によって、かつての営業やマーケティングの手法、ブランドの評判を守る方法は根本的に変わってしまった。しかし、実はコミュニケーションの本質自体は何も変わらない。コミュニケーションを取り巻く状況は当然変化しており、そこにはチャンスもあればリスクもある。何をどのように話すべきかという根本の部分には、変化はないのだ。デジタルの世界で最も大切な法則の一つは、メッセージに矛盾があってはいけないということである。矛盾があればすぐに見つけられ、反論するための材料とされてしまうだろう。あなたが伝えられるのは、「信頼される言葉」を使ったメッセージだけだ。この法則は、オンラインやオフラインに関係なく当てはまる。この後の項では、信頼を築き上げていく過程でデジタルメディアが及ぼす影響と、相手を引き付けて納得してもらう機会をつかむためにはどのようなメッセージを送るべきかについて、紹介しよう。

この章で取り上げるもう一つのポイントは、使うべきではない言葉だ。既に述べたように、あなたが使っている言葉に一言付け加えるだけで、あなたが感じる以上に相手にポジティブな印象を与えるものはたくさんある。また、間違った言葉を使うことによって信頼が失われる可能性があるなら、あなたが普段使う言葉の中に信頼を失う言葉がないかどうかを確認することが重要だ。そうすることで、自分がどのようにコミュニケーションを行っているかを見直すことができる。私たちは、この確認の際に役立つ「信頼を失う七つの法則」を見つけ出した。これは何としてでも避けなければならない発言の類である。読者がこの法則に当てはまる言葉を使うことがなく、信頼を失うことがないように願うばかりだ。

10
デジタル世界における信頼を勝ち取る言葉

2010年、コミュニケーションは少なからず変化した。若者たちは、携帯電話のメールなどを使い、四六時中誰かとつながっていないと気が済まないらしい。メッセージを打ち続けている彼らの親指がちぎれてしまうのではないか、頭は下を向いたままで戻らなくなってしまうのではないか、と心配する親もいるくらいだ。オンラインとオフラインの世界の区別も、日々、なくなりつつある。昨今、私たちがパソコンやスマートフォンでYouTubeなどに上がっている動画を既に見ているのに、テレビでは、ポリティコ（Politico、政治ニュースの専門サイト）やペレス・ヒルトン（Perez Hilton、米国のテレビパーソナリティー）のブログ、ツイッターなどのオンラインメディアで既に発表された話題を、遅ればせながら取り上げるといった事態が起きている。ツイッター上では、より深い解説が加えられた記事へリンクするつぶやきが発せられるが、その記事は新聞記事とは長さもトーンも大きく異なる。最も重要なのは、消費者にとって重要なことであれば必ずオンラインとオフラインの両方の世界で扱われ、どちらか一方だけで扱われることはないということだ。

インターネットを使ってさまざまな情報を発信できる、ツイッターなどのソーシャル・メディア、iPhoneのアプリ、ブログ、eメールなどのオンライン上のコミュニケーションは、今までのものとはまったく違ったものに見える。いつも誰かとつながっているこの新しい世界で信頼されるためには、特別な言葉の使い方をするべきなのだろうか。顧客が、ソーシャル・メディアやインターネットの影響力を認識すればするほど（このことを認識していない方が、メッセージそのものよりももっと大きな問題なのだが）、こうした疑問を抱くようになる。

私はデジタルメディアの専門家ではないので、技術的なことはわからない。オンライン上で人々とつながる便利なアプリや、優れたソーシャル・メディア戦略を教えてあげることもできない。しかし私は、コミュニケーションの専門家として、最先端のコミュニケーション、つまりオンライン上で効果的にメッセージを送り、信頼を得るためのデジタル戦略を専門に研究してきた。私から言えることは、ブログやインターネットのメディアを使ってオンライン上で消費者とコミュニケーションを取る戦略と、今までのオフラインでの戦略には共通するものがあるということだ。ここでは、その共通点あるいは違いと、デジタル世界におけるコミュニケーションの重要性を伝えたい。

私は、友人であり企業のデジタル戦略の専門家でもあるピーター・ハーシュに協力を求め、オンラインとオフラインの世界の最も大きな違いと、オンラインで不信感を取り除く七つの法則を見つけ出した。この七つの法則は、オフラインの法則とは少し異なる。コミュニケーションにかかわる戦略コンサルタントとして15年以上の経験を持っている彼は、メッセージ発信を試みる企業にとってデジタル戦略が非常に大切であるということを、誰よりも早くから認識していたのだ。

>>>オンラインとオフラインの違い

オンライン上のコミュニケーションの特徴は、オフラインでのものとは異なる。しかし、だからと言って、それぞれ別々のコミュニケーション戦略を立てる必要はない。オンラインとオフラインには共通点があるので、どちらの世界も理解する必要はある。そうすれば、どちらにも通じるコミュニケーション戦略を成功させることができるはずだ。まずは、コミュニケーション戦略を立てるに当たって考慮すべき、両者の大きな違いを見てみよう。

噂はコンピューターウイルスのように拡散する。しかし、**ウイルスは24時間後にはバグとなって終わることが多い。**オフラインの世界では、企業や個人、あるいは商品について批判をしようとすれば、それなりの労力が必要だ。特定の物事について知りたければ、自ら見つけにいかなければいけない。テレビをつけたり、専門家を見つけたり、新聞を買いに行ったりするなど、面倒なことばかりだ。しかしオンラインの世界では、大勢の人々に一瞬で自分の経験を語ることができる。さらに有難いことに、内容さえ良ければ、自分が書いたものはすぐに拡散される。自ら情報を集めに行ったり、評論や主張を探しに出かけなくても、すぐにお知らせが届くため、欲しい情報は何もせずに手に入れることができる。企業の動向や世界情勢も、こちらから探しに出かけなくても手に入れることができる。こうした新しいテクノロジーのおかげで、気になるトピックについて、以前のように複数の情報源から得た情報を比べて吟味する必要もなくなった。新聞が印刷される前に、自分が欲しい話題、評論、ストーリーなど、何でもオンラインを通して手に入れられるのだ。

このように新しく始まったオンライン活動には制約があまりないため、噂も信じられないほどの早さでウイルスのように広がってしまう。ものの数分で、ちょっとした問題が大問題となり、本格的な危機へとエスカレートして、まるで天変地異でも起きたかのような騒ぎになることもありうる。

一方で、このような噂は表面的で、一時的なものである場合も多い。デジタル世界の人々は簡単に次から次へとサイトを移動し、言いたいことを言い続ける。まるで、一斉に向きを変える魚の群れのようだ。

こうした傾向から、自社の商品や評判を攻撃された企業は、それにどう対応すべきかを決めるのが実に難しい。損害を少なく抑えるためにすぐに対応するべきなのか、それとも人々が他のターゲットを見つけて移動するまで、抗議の嵐が過ぎ去るのを待つべきなのか。残念なことに、答えは場合によりけりだ。常に何らかの対処はするべきだが、一時的なバグに対処するのか、本格的なウイルスに対処するのかで、やるべきことの中身が変わってくるからだ。

噂の枠組み

誰でもときには間違ったことを言ってしまうものだ。しかし近頃では、どんなに些細なことでもソーシャル・メディアが火に油を注ぎ、瞬く間に国中に広まってしまう。

ジョンソン・エンド・ジョンソンは、人気商品の一つである鎮痛剤のモトリンを母親向けに宣伝する際、赤ちゃんを抱っこするという行為を軽く考えてしまい、失敗した。「赤ちゃんを身に着ける（baby wearing）」という言葉を使い、ホームページの宣伝ビデオの中で、赤ちゃんを抱っこするのはおしゃれに見える行為であり、親子の絆を築く機会となるはずだと語り、その上で、赤ちゃんを抱っこするから身体が痛くなるのだという話に持っていった。モトリンがその痛みを治してくれると言いたかったわけだ。

この広告は、すぐに母親たちの激しい反発を招いてしまった。内容が間違っているだけでなく、非常に皮肉で人を見下した宣伝だというのだ。赤ちゃんを抱っこするのはもう何百年も行われている行為であり、決して最近の流行でも何でもないとの意見もあれば、赤ちゃんの抱き方が適切であれば必ずしも腰痛にはならないとの声もあった。

特に母親たちを怒らせたのは、おしゃれに見せるために赤ちゃんを抱いているなどという考えや「これぞ本当のママ（official mom）」という言葉であった。オンライン上で互いにつながっている母親たちは、何のためらいもなくブログやツイッターで言いたいことを書き連ねた。その結果、この論争はあっという間に大ニュースとしてウイルスのように広がってしまったのである。

しかし、この騒ぎには実に皮肉なオチがある。その後行われた調査によると、アンケートに回答した女性の大部分がこの広告を気に入っていたか、特に何も思わなかったというのである。この事件後、このブランドを好きになったという女性が、嫌いになったという女性よりも、なんと四倍も多かった。この件でよくわかったのは、ごく少数の人たちでも、インターネットを通してメディア騒動を起こすことができるということであった。この事件のすぐ後、ジョンソン・エンド・ジョンソンがとった行動は見事だった。広告を取りやめ、謝罪をし、教訓を率直に語ったのだ。おそらく今回学んだ教訓の一つは、今後キャンペーンを展開するときには、事前にツイッターでテストをしてからの方がよい、ということだろう[23]。

情報の流れは、もはやコントロールできないが、より多くの情報を用いることで戦略を立てることはできる。企業や組織は、メッセージを伝えるための広報業務を、「大衆の知」に委ねればよいのだ。何を言おうと、多くの人々がそれを聞き、周りに拡散してくれる。私の経験では、ほとんどの組織が、いまだに自分たちの情報を唯一の「公式の情報」と考え、街頭演説でもするかのようなコミュニケーションを取ろうとしている。しかし企業が発するメッセージは、大衆にとっては情報源の一つにすぎないということを企業側も認識しなくてはならない。

有難いことに、メッセージをコントロールしてくれるのは大衆だ。その問題について解説をし、自分たちの言葉で議論を活発に繰り広げてくれる。何が一番の問題点で、それはなぜかを教えてくれる。インターネットでは無口な人も饒舌になり、「言いたいことは言う」という文化があるので、普通なら知ることのできない消費者の本音がよくわかる。ほんの15年か20年前にはとても考えられなかったことだ。さらに、リアルタイムにどんな会話が交わされているのかを見て、分析する技術も存在する。リアルタイムで会話の様子を見て、良いと言っているのか、悪いと言っているのか、または最悪だと言っているのかが手に取るようにわかるため、以前よりもずっと早く、自分たちのコミュニケーション戦略を練り、世の中の動きに合わせることができるのだ。

オンラインの世界では、自分が思っているほど自分自身の存在感はない。オンラインの世界では、あなたは会話をリードする力を失ってしまったばかりか、業界用語で言うところの「シェア・オブ・ボイス（メディアにおける露出度のシェア）」を巡って、今まではライバルだとは夢にも思ったことのないような人たちとも競争しているのだ。その人たちは、必ずしもあなたのライバル会社やプロの批評家とは限らない。それどころか、土曜の午後にパジャマ姿で部屋でくつろぎ、ふやけたシリアルを時間をかけてゆっくり食べながら、オンライン上にあなたの会社の悪口を書いているごく普通の人かもしれない。オンライン上では、会社の規模や株価、あるいは使っている広告費だけで、信頼や価値を得ることはできない。それは、自分の力で勝ち取らなければならないのだ。今日多くの企業が戦略として活用しているフェイスブックも、自分のページをつくるだけで自動的にフォロワーが増えるわけではない。

オンラインの世界では、誰もが平等な立場に立つことができる。誰もが簡単にインターネットにアクセスすることが可能であり、権力を持たないどんなに弱い立場の人でも、意見を言えば聞いてもらえる可能性がある。オンライン上では誰もが平等で、父親のように絶対的な権力を持った人など誰もいない。先程のパジャマ姿の普通の人に信頼がないのと同じで、あなたにも信頼がなく（ひょっとしたらもっと信頼されていないかもしれない）、まずは聞いてくれる人を見つけることが重要になるのだ。人々に耳を傾けてほしいならば、自分の口調やメッセージにその気持ちを反映させ、相手が不信感を抱かないようなメッセージをあらかじめ用意しておかなければならない。

素早く対応することが大切である。そして、一度決めたらもう変えられない。オンラインではオフラインとは比べものにならないほど情報を手に入れるスピードが速くなるが、それに対する反応もできる限り素早く取ることが求められる。その反応は、ラフな形でかまわない。たとえば、あなたが会話に参加していると知らせたいならシンプルなツイートをすれば十分だ。それだけで、あなたが参加しているという事実が世界中の人々に伝わるし、あなたが話し始めたこともわかってもらえる。少なくとも、あなたが問題を認識しており、すぐに何らかの対応をするということを顧客に知らせることができる。問題によっては、ただ問題を認識したと知らせるだけでも、あなたの会社の印象を「顧客の言葉に耳を傾けて大切にしてくれる会社」へと、大きく変えてしまうのだ。しかも、これにはほとんどお金はかからない。弁護士を大勢雇う必要もなくなるし、何日もかけて調査を行う煩わしさからも解放されるのだ。

ただし、気を付けてほしいのは、最初から自分の答えを正確なものにしておくということだ。オンライン上に流れた言葉は永久に残ってしまうので、自分の行動に責任を持つ覚悟だけはしておいた方がよい。一度オンライン上に自分の言葉を載せたら、オンラインの世界から完全に削除されることはない。必ずどこかに残っているのが現実だ。最初の発言を改ざんし素知らぬ振りをしても無駄である。誰かがスクリーンショットを撮ってブログに載せでもしたらあなたのイメージはがた落ちになり、取り返しがつかなくなる。素早い対応をすることで、批判の集中攻撃を回避することはできる。しかしながら、言葉をオンライン上に流すときは、くれぐれも慎重にやるに越したことはない。

>>>オンライン上で「信頼を勝ち取る言葉」

前述の通り、オンラインとオフラインの世界が異なるからといって、必ずしもまったく新しい言葉を使う必要はない。話し合いがすべて携帯メールで行われる文化に変わろうとも、メッセージの本質は何も変わらないからだ。ただ、矛盾したことだけは言ってはいけない。史上最も不信感が強いといわれるデジタル世代の人々に矛盾を突かれることだけは、絶対に避けるべきだ。

そのことを念頭に、オンライン上で不信感を抱かれるのを防ぎ、信頼を構築するようなメッセージを送る七つの法則を述べる。

1　自分の話を１４０字*で伝えなくてもよい（＊ツイッターで一回に発信できる情報は１４０字以内）

オンラインでは、オフラインに比べてメッセージを伝える時間が短いといわれているが、真実はまったく逆だ。一度ユーザーとつながったら、他のメディアでは伝えきれないことでも、言いたいことすべてを伝えるチャンスがある。

もちろん、自分のサイトやブログに訪問者を呼ぶことができなければ、何も伝えることはできない。だからこそ、１４０字以内で訪問者の興味を引き付ける技はマスターしておきたいところである。では、オンラインは他のメディア（直接会って話す場合は別だが）とはどこが違うのだろうか。オンラインだろうと、テレビ、ラジオ、出版物だろうと、ほんの数秒で人の気持ちを引き付けなければならない点は同じであり、液晶画面や３Ｇネットワーク特有の新たなハードルがあるわけではない。

オンラインコミュニケーションの素晴らしさは、一度聞き手の注目を集めたら、強い関心を持って読んでもらえる上に、自分の言いたいことを自分の思い通りに伝えるチャンスが拡大するという点にある。

例を挙げよう。２００９年9月、Ｇメール（グーグルの提供する無料メールサービス）がダウンして、利用者が数時間大変な思いをさせられたことがあった。仕事用、あるいは個人用にＧメールを使っている人たちにとって、これは一大事であった。グーグルの謝罪は、オンライン以外のあらゆるメディアで発表されたが、騒動の原因説明と短いお詫びがグーグルの言葉として引用されるだけにとどまった。間違った引用をされたり、言葉じりを捉えられたりしないように、短く、要点を突くのがインターネット以外のメディア、特にテレビやラジオ向けの方法だからだ。問題は、30秒という短い時間しか与えられないため、メッセージが勝手に要約されてしまうことで、その要点が伝わらない場合があるということだ。そうなると、内容の乏しい決まり文句しか使われず、人々に怒りの気持ちだけを残す結果となってしまう。

しかしオンラインなら、グーグルは他のメディアでは伝えられなかった気持ちを十分に伝えることができる。実際に、グーグルはそうしたのだ。しかも丁寧に、ことの重大さをよく認識していること、不具合の詳細な原因、そして二度と同じトラブルが起こらないように取った対策について、きちんと伝えた。その結果、５００語ほどの細かい説明を読んだ人々は何があったのかを理解し、グーグルがこの事態を完全に掌握できたことをはっきりと確認できた。ニュース番組の50語程度の説明では、同じ効果は得られなかった。最初のお詫びは単なるリハーサルにすぎなかったのだ。

2　入れる会話には入ること

「オンライン上で言い争うのは、バーで酔っ払いと議論するようなもので、勝ち負けのないものだと以前は思っていた。しかしながら、オンライン上でもコミュニケーションは行わなければいけないことは、今や明らかだ」と、デジタルメディアの専門家ピーター・ハーシュは言う。確かに、議論には勝てなくとも反対意見は述べられる。もし誰かがオンライン上であなたの悪口を言っていたら、当然反論をすべきだ。どの程度まで応じるかは、問題の大きさや相手の数によって変わってくるだろうが、反論はしなければならない。オンライン上の掲示板やブログ、ソーシャル・メディアなどの複雑な世界では、オフラインの世界以上に、黙っていたらあなたが傷つくだけだ。沈黙し続ければ、相手の勢いを阻むものが何もなくなり、さらに調子づかせてしまう。また、沈黙を続ければ、あなたの味方をしようとしている支持者たちがせっかく反論しようとしてくれているチャンスさえも奪ってしまうことになる。はっきり言おう。コメントするべきかどうか迷っているならば、やるべきだ。そして、やるならば今すぐやらなければならない。

3　リンクやホームページのデザインもまた、あなたのメッセージの一部である

オンライン上での発言は拡散しやすく、想像以上の影響力を持つことがある。あなたを批判する批評家も、ときにはあなたを褒め、あなたが多くの人に知ってもらいたい情報を広めてくれる。あなたに代わってメッセージを広めてくれる第三者を見つけることは、オフラインの世界では難しい。しかし、オンラインの世界では、ＨＴＭＬをほんの少し使うだけで、あなたのメッセー

ジを、あなたをサポートしてくれる人々のメッセージにリンクさせることができるのだ。

オンラインでは、さまざまなツールを利用して会話を広げると、言いたいことが伝えやすくなる。言い換えれば、あなた自身が話したことに加え、あなたが話したことにリンクしているサイトすべてが、あなたのメッセージとなるのである。

人々がインターネットをどのように使っているか、少し考えてみてほしい。人々はリンクや検索結果によって行き先を決める。ウィキペディアで何かを調べようとしたときのことを思い出してほしい。10分ほどクリックしているうちに、さまざまなページに飛び、いつの間にかまったく違うテーマのページを読んでいた、という経験はないだろうか。人々は、興味のある話題や考え方についてさらなる情報を求め、さまざまな案内に従ってサイトからサイトへと飛び回る。従って、情報の発信者であるあなたは、他の情報の存在も頭に入れながら自分の話を進めるべきである。聞き手は他の情報を知らないかもしれないから、ライバルより語気を強めれば会話を意のままに操ることができると思うかもしれない。しかし、この古い常識はもはや通用しない。オンライン上では、反対意見を一回の検索ですぐに見つけられるからだ。忘れないでほしいのは、オンライン上では相手を言い負かすことも、宣伝の時間を買い占めることもできないということだ。メッセージをコントロールするには全体を把握し、一方的にあなたに同意する人々にだけ話しかけるのではなく、反対の意見を持つ人が何と反論しているかを、リンクやホームページを通してあなたに同意する人々にも知らせることが大切だ。そうすることで、あなたの信頼が高まり、同時にあなたのサイトは信頼できる情報源としての地位を確立できるのだ。

4　情報を隠すのではなく、提供すること

オンライン上に良いことも悪いことも、また最悪なことも、幅広く会話を網羅し、強調したい情報のリンク先を貼ったら、これであなたの仕事は完了したと言えるだろうか？　いや、違う。まだ、もう一歩踏み出す必要がある。自分のサイトにその情報を載せることだ。情報へのリンク先を知らせるだけなら、人々はあなたのサイトを離れて、二度と戻って来ないだろう。彼らはあなたに対して悪口を言うサイトへ移って、そこに居座ってしまうかもしれない。しかし、自分のサイトで良いことも悪いこともすべての情報を提供すれば、次の三つのことが期待できる。

- あなたのサイトを訪れた人は、そこで反対意見も見ることができるので、サイトを離れる必要性がない。すると彼らと話す時間がより長くなり、自分の話をさらに聞いてもらえるようになる。サイトへの滞在時間が長くなるにつれ、彼らはもっと知りたいと思うようになるのだ。
- 自分に反論しているサイトにはそれなりの考え方があると、あなた自身が受け入れていることで、あなたのメッセージにはより説得力が出てくる。あなたは一方的な主張を展開する存在ではなく、何かわからないことがあれば見に行くウィキペディアのような存在になっていくのだ。
- あなたのサイトを通じてその情報にアクセスする人が多いということは、あなたが彼ら

の水先案内人になっているということだ。そうなれば、情報をどのように理解したらよいかなど、あなたが一番大切だと思う考え方を示してあげることもできる。

わかりやすく言えば、たとえ情報の中にあなたの考え方に反するものがあったとしても、むしろそれがあるが故に、あなたが提供する情報の信頼度が高くなるということなのだ。

5　あなたのサイト上で他の人たちの書き込みを常に許可すること

多様な情報がサイト上にあることで人々がそのサイトを信頼するように、サイトをオープンにすればするほど、人々のあなたのサイトへの信頼度は高くなる。サイト上で一般の人々にコメントをさせるべきかどうか、悩んでいる企業は多い。一方で、企業は一般の人々の興味を引きたいと思っているものの、良い意見を持った人々にだけ集まってほしいと望んでいる。サイト上で手厳しい否定的なコメントを書かれることを恐れて、全面的にサイトを閉じてしまったり、穏やかなコメントだけを載せたりするというのは企業がよく使う手だ。当然ながら、これは間違ったやり方だ。その理由を次に説明しよう。

もしあなたの会社が、アイスクリームで有名なベン&ジェリーズのように評判が良かったら、否定的な反応はおそらく少ないはずなので、自由にコメントをさせておけばよい。しかし、たとえ石油会社のエクソン・モービルのように抗議のメールを大量に送りつけられている企業だとしても、コメントをしてもらえるようにするべきである。自分たちの会社が世間の敵で、「こんな会社なんか大嫌い」という人が驚くほど大勢いることは、エクソン・モービルの従業員なら誰だって知っている。彼らは会社の悪口を言われているのは承知の上だが、なんとか悪口を言わない人を探そうと必死になっている。しかし、ここにこそ、自分のホームページでコメントを言わせた方がよい理由がある。自社のホーム・グラウンドでコメントを展開させれば、少なくとも公平な議論が可能になるからだ。

究極的には、誰を信頼すべきかを人々に決めさせることだ。どのコンテンツを信頼するべきかを消費者が迷っていたとしても、彼らに代わって結論を出してはならない。彼ら自身で決めさせ、自分で管理をさせるのだ。あなたが筋道を立てて答えていれば、批評家たちの意見は理屈の通らないものに見えてきて、逆にあなたへの信頼はますます高まるだろう。ある一線を越えると、いつの間にかあなたを支持する人たちがあなたの弁護を始めてくれるのだ。サイトの当事者であるあなたの会社よりも、第三者である彼らの方が高く信頼されているので、彼らがあなたの会社に味方して話を進めてくれるようになったら大成功だ。

6　理性的な発言者として振る舞うこと

オンラインの世界には、金切り声を張り上げる人々が大勢いる。まるで、深夜1時に学生街のバーにいるかのような騒がしさだ。面と向かったら決してやらないだろうが、オンライン上では匿名の気安さから、誰もが当然のごとくわめき、叫ぶ。ほとんど害がなさそうなことにも、汚い言葉を浴びせられてしまう。大げさに罵ることは、もはやオンラインの世界のルールなのだ（たとえば「これは間違いなく人類史上最悪の商品だ」など)。手厳しい言葉で批評されたり解説されたりすれば、激しく言い返したくなるのが本能というものだ。攻撃的とまでは言わなくても、積極的な弁護に走ってしまいがちである。しかし企業として、不信感の強い相手とも信頼感を築きたいと思うならば、その本能を抑えるべきだろう。

不幸にも大声でわめき散らす人たちと遭遇してしまった場合、その人たちから信頼してもらおうと思うなら、理性的で控えめな態度で話すしかない。私がよく使う例は、米国において政治の場などでよく使われる「ファクト・シート」での論争だ。意見の対立する二者が、極端な言葉で自分たちの考え方の正しさを主張するために作成するのがファクト・シートである。通常、疑問をはさむ余地がないように書かれたものだ。しかし、それに対して相手が反論するために発行するのが、「噂vs真実シート」だ。これは相手を批判するためのもので、以下のような文章で始まることが多い。

「〇〇さんは意図的に事実を曲げており、信頼できる科学者たちの研究結果を正しく伝えておりません。自分たちに向けられた激しい非難の本当の原因を説明するどころか、馬鹿げた根拠を持ち出して、自分たちの言い分を通そうとしているのです。この文書を読んでいただければ、〇〇さんの主張がでたらめで、この問題の真実がどこにあるかが皆様におわかりいただけるでしょう」

どちらの側もこのような書類をそれぞれのサイトに載せ、オンライン上でこの内容を広めようとする。このやり方の弱点は、どちらの側も主張の表明を急ぎすぎているという点だ。さらに問題なのは、あまりに強引に主張すると、逆に自己弁護が強すぎるから信頼できないと思われてしまうことだ。たとえその主張が正しくても誇張しすぎると、読む人の心に疑いの気持ちが生じてしまうのだ。

効果的なやり方は、「理性的な発言者として振る舞う」ことだ。顧客や一般の人々に問題をきちんと理解して、正しい選択をしてもらいたいという考えが伝わるサイトであることだ。つまり、相手側の主張やデータも明らかにして、客観的な全体像を理解しやすいようにすることである。読者にこれは信頼できる情報源だと感じてもらえれば、彼らはもうこれ以上の情報探しをする必要がなくなるのだ。

7　オンライン上で信頼してもらう最善の策は、顧客と良い関係を保つことである

これは多くの人にとって、わかりきったことなのだが、実践できているのは極めてわずかの優れた企業のみである。最初にインターネットブームが起こった頃から、アマゾン・ドット・コムは、インターネットを使えば独特かつ強力な方法で顧客とのかかわりを持てると理解していた。オンライン上でレンタルビデオ業を営むネットフリックス、レンタカー会社のジップカー、靴のオンライン小売り業ザッポスなどは、オンラインを通じて顧客との関係を、次の段階に進めた。iPhone向けアプリが急増した今ではさらに進み、企業はデジタル世界を使って顧客と会話をする段階に来ている。顧客にとって、こうした企業はいつでも、どこでも、どのような方法でも、すぐに連絡が取れる存在になっている。企業側も、既存の顧客を満足させることこそが、新規

顧客を勝ち取る最善の策であることを知っている。だから、素晴らしく、忘れられない体験を顧客に提供しようと必死なのだ。

顧客の要望に耳を傾ける

オンライン上でレンタルビデオ業を営むネットフリックスは、借りたビデオを返却ポストに入れた瞬間に「返却ありがとうございます」という確認メールを送ってくるような、至れり尽くせりのサービスをしてくれる。同社は、次のビデオはいつ頃届けられ、どんなビデオなのかまで教えてくれるのだ。オンライン上の取引における一番の問題とは、取引が実際に行われる過程が顧客には見えないことである。そのため顧客は売り手が実際にものを発送してくれるのを信じるしかない。そして予想以上に時間がかかると（この遅れは実に微々たるものである場合が多いのだが）、心配になってしまうのだ。この問題をよく理解しているネットフリックスは、そのような心配は決してさせないと約束してくれる。今は倒産してしまったかつてのレンタルビデオ大手のブロックバスターは、借りたビデオを返却するように電話をしてきただろうか？

レンタカー会社のジップカーは、いつまでに車を返すべきかをオンラインで教えてくれるので、顧客は遅れることなく余裕を持って返却することができる。大手レンタカー会社のハーツがそんなことをしてくれることなど、想像できるだろうか？　適切なタイミングと方法で連絡を取り合っていれば、気持ちよく車を使えるし、次の顧客も時間通りに車が使えるので印象が良くなる。たとえ延滞料金を請求する回数が減って機会損失を被るとしても、ジップカーにはこのサービスの大切さがよくわかっているのだ。

この方法は、実店舗を構える企業にも効果的だ。2008年にスターバックスは、顧客に声を届けようと、マイ・スターバックス・アイデア（MyStarbucksIdea）というサイトをオープンした。顧客がアイデアを投稿し、意見を出し合い、良いアイデアに投票をするサイトだ。このサイトでは、スターバックスは顧客の声に耳を傾けていることを行動で示しており、どのアイデアがどういう理由で採用されたかをよく説明している。

デジタル世界で不信感を取り除くためにすべきこととは、顧客が望むときにいつでも、どこでも、どのような状況であっても、企業と顧客がコミュニケーションを通してつながることができるということだ。しかしながら、保険会社から小売企業やネットショッピング業者に至るまで、デジタルのツールや戦略を使って顧客と信頼関係を築くのが一番良い方法だと気付いている企業は非常に少ない。

最後に、デジタルの世界で「信頼を勝ち取る言葉」とは、メディアを理解し、そのメディアに合わせて、自分のメッセージが最大限、効果的に伝わるように考えることである。本書の他の章で説明してきた法則は、今でもオンラインを含む、すべてのコミュニケーションに当てはまる。

今日においては、ひとたび不信感を抱けば、事実関係を確認し、他者のコメントを閲覧するなどしてその全体像をすぐに把握できるチャンスが誰にでもあるが、オンラインの世界は、メッセージを伝え、批評家たちに反論し、信頼を構築するための使えるツールを提供してくれるのだ。

11
信頼を失う法則
20の禁句

ゲイリーはある日、高価な時計を買いたいという友人とともに、ある時計店を訪れた。その店の店員は時間をかけて二人の希望を聞き、時計を次々と見せてくれたおかげで、一時間も過ぎた頃にはお互いの間に打ち解けた空気が流れていた。とても良くしてくれる店員なので、きっと友人はこの店で時計を買うだろうとゲイリーは思っていた。ところが、突然我慢ができなくなったのか、その店員はゲイリーの友人に向かってこんな言葉を吐いたのだ。「もういいでしょう？　一体どうしたら今日この時計を買ってもらえるんですか？」と。その瞬間、その場の信頼関係は消し飛んでしまった。二人がすぐにその店を立ち去ったのは言うまでもない。

不信に満ちたこの世界において、信頼を築くのは非常に難しい上に、一度築かれた信頼も非常にもろいものだ。人生においてもコミュニケーションにおいても、分厚い書類の中のたった一文で自分が判断されてしまうこともあるし、営業トークの中のほんの一言で、聞く耳を持ってもらえなくなることもある。聞き手の心に響く言葉やメッセージを見つけられたら、それは素晴らしいことだ。しかし、心を傷つけるような言葉を取り除くだけでメッセージの効果が一段と上がるとすれば、その方がずっと楽だろう。この項では、信頼を築き上げる過程で踏んではいけない「地雷」について紹介する。

ここで紹介する言葉の多くには、悪意がない。大抵の場合、正確で誠意のあるものである。しかし不信に満ちた世界では、これらの言葉は通用しない。信頼を高めるどころか、逆に失うことになる。よく使われる例をここに挙げよう。

「まさか冗談でしょ？」と言いたくなるような言葉

この種の言葉に通じる共通テーマ：こんな言い方で目的が達成できると思っているなんて、信じられない。

1　「私を信じてください」や「私たちを信じてください」

今でもこの言葉を使う人や企業が存在すること自体、信じられないかもしれない。もはやこの言葉は、何の役にも立たない。みんな、何をどう考えるべきかなんて、他人に指図されたくないのだ。ましてや、深く染み込んだ不信感を捨てろと簡単な言葉で言われるなんて、許しがたいことだ。あなたが誰かに信頼してもらいたければ、相手にあなたが役に立てることを説明するべきである。「私たちは皆様に信頼していただけるよう、全力を尽くしております。だからこそ、私たちは次のことをさせてもらいます…」と説明するのだ。「信じてください」と同様に、「正直に言うと」「率直に言うと」「本当のことを言うと」などの言葉も、当然避けるべきである。もしあなたの発言が「正直に言うと」から始まっていたら、その一言のせいで、その後に続く発言すべてが信じられないものになってしまうからだ。私たちは、もうしっかり学んできたはずだ。政治家や営業マンが、自分たちが正直だと言うのは、彼らが本当は正直ではないからだと。

2　「これを約束したら、買ってくれますか？」

先ほどの時計店の店員が使った言葉は、１９５０年代の映画に出てくるような古い台詞だ。当然、今の時代に通用するものではない。このような言葉が使われると、話し手が聞き手よりも、自分自身の利益を優先しているのがすぐわかる。つまり、明らかに自分の商品を売ることが第一で、買い手の要望は二の次なのだ。

3　「あなたの立場で話します」

もし本当に聞き手の立場で話しているのなら、わざわざそんなことを言う必要があるだろうか？　この類の言葉を使うのは、企業が誠意を見せたいときだけである。本当に聞き手の立場で話すのなら、黙ってそうすればよい。わざわざ言うことではない。実際に顧客の立場に立って話さないのであれば、口先でそんなことを言ったところで何も変わりはしないのだから。

簡単には信じられない言葉

顧客サービスを提供する企業が、心から顧客に尽くそうとしているのだと、納得してもらうのはとても難しい。なぜなら、企業には結局は自分の利益を失いたくないという気持ちもあるからだ。しかし、顧客を満足させ、いつまでも自分たちの顧客でいてもらえるようにするのが、彼らの仕事である。残念ながら、いくら企業が良い言葉を使っていても、それ自体が矛盾に満ちていることを、顧客は実際の経験から知っているのだ。

4 「お客様からのお電話が私たちには大切です」

本当にお客様からの電話が大切なのであれば、電話口で自動音声を聞かせたり、オペレーターにつなぐまで5分間も待たせたりしないであろう。もしあなたの会社の電話に自動応答システムがあったとしても、生身の人間に対応してもらえるまで顧客が待たなければならないとすれば、このようなメッセージは使わない方がいい。20年ほど前に自動応答システムがはじめて使われたときには、こうした対応も納得できるものであったが、今の社会では古くさく感じられるし、現状に合っていない。人間に応対してもらえるまで、電話口でひたすら待たされる方の気持ちを考えればわかることだ。せめて、どのくらい待つことになるかを伝えるなら、まだましである。

自分の電話番号と、かけ直してよい時間帯をメッセージで残せるようにすれば、なおよい。しかし、本当の信頼を築きたければ、実際に人間が受話器を取り、電話をかけてくれたことへの感謝を示すのが一番である。

5 「私たちはお客様を大切にいたします」

つい最近、この言葉を使わないようにと、ある企業に忠告をしたばかりだ。代わりに、「私たちがどのようにお客様を大切にしているか、お見せいたします」という言葉を使うように勧めた。なぜか？　不信に満ちた人々にとって、企業が自分たちの利益以外のものを大切にするなどという考えは、ナンセンスそのものだからだ。顧客を大切にしていると言っておきながら、結局顧客をガッカリさせた企業がなんと多かったことか。だから、「顧客を大切にする」と言うのはやめて、どのように顧客を大切にしているのかを示した方がよい。この少しの違いが、とても大事なことである。もう一つ、同じ理由で使ってはいけない言葉を載せておこう。「私たちは責任を真摯に受けとめています」である。

6 「私たちとお客様の利害関係は一致しています」

最近あるプロジェクトで、金融機関の営業マンの人たちが、自分たちと顧客との利害関係は一致していることを説明しようとした。それに対して、顧客はこう言った。「もし私たちの利害関係があなたと一致しているのなら、どうして私たちがもうかっているときにあなたの方はもっともうかっているのか？　私たちが損をしているときにあなたは損をしていないのはどうしてか？」

もし、本当に顧客との利害関係が一致している局面で使うのであれば、この言葉は生きてくるが、ほとんどの場合は、単純に顧客に対して自分たちは味方であると思い込ませるために使われているだけである。

「話がうますぎる」言葉

信頼が失われた時代に生きる私たちは、企業の望み通りに不信感を捨て、企業が言うことを信じることはもはやできない。人々はタダほど怖いものはないとわかっているし、これからここに示すような言葉がほとんど嘘であることも見抜いているのである。

7　「最高品質の商品」

「最高の車」の定義が何になるのか、教えてほしい。時速60マイル（97km）まで一番早く加速できる車のことだろうか？　信頼性が一番高い車のことだろうか？　乗り心地が最高の車のことだろうか？　おそらく、誰かと同じ「最高」の定義に納得する人はいないであろう。一人ひとりの定義は違うものであり、だからこそ誰もが認める最高の車なんて一台もないのだ。大げさに褒めすぎると、人の心に疑問を抱かせしまう。自分が最高品質の商品をつくれば、競合相手だってそうする。そうなると、顧客はどちらの品を買ったらよいかわからなくなってしまう。どちらも嘘をついているのか？　使っている判断基準が違うのか？　理由は何にしろ、我が社が一番だと自慢する企業がほとんどなら（実際そうなのだが）、その言葉に重みはない。人々に信じてもらうためには、「最高」とはどういう意味か、誰があなたを最高だと言ったのか、そしてなぜそれが重要なのかを説明しなければならない。

8　「夢のような老後を過ごす」

「夢のような老後生活」を送れるなどと信じる米国人は、全体のほんの12％にすぎない。金融危機が起きる前ですら、15％しかいなかった。それ以外の人々は、そんなものはどこかの広告のコピーライターがつくり出したものでしかなく、絵に描いた餅だと思っている。健康的に日焼けした老夫婦が手をつないで浜辺を歩いている姿は、イメージとしては素晴らしい。しかしそのイメージは投資家たちが実際に考えている現実とは、もはや一致しない。この国の上位１％の最も裕福な人たちですら、「夢のような老後」よりも、「今のライフスタイルを守る」方がよいと答えた人が三倍も多かった。いくら金融サービス会社が夢のような老後生活を売り込もうとしても、努力は水の泡となって消えてしまうのだ。

9　「結果を保証します」

過去において「保証」の言葉に騙されたことのある人々が、いかに保証を信じなくなっているかは、前述の通りである。たとえば、保険会社は、ハリケーン・カトリーナの被害者への補償ができなかった。倒産するはずがないと思われていた米大手投資銀行、リーマン・ブラザーズも、２００８年になって突然に倒産した。そして米証券会社、バーナード・マドフの顧客たちも、

NASDAQの会長でもあった社長のマドフ氏が詐欺で逮捕されるまでは、「もし彼を信頼できないのなら、他に誰も信頼できる人なんていない」と考えていた。このような失敗が続いた結果、人々は、人生において本物の保証などあるはずがないと考えるようになってしまったのだ。

「私がそう言うのだから正しい」という類の言葉

これらは、傲慢な気持ちから出てくる言葉である。自分の親にこのようなことを言われたら、子どもは呆れかえってしまうだろう。子どもならば、とりあえず親の言うことを聞かなければならないかもしれないが、大人になって、何を考えるべきかを他の人に教えてもらうなんてことは、もうまっぴらなのだ。

10　「我が社の商品は安全です」

ある研究プロジェクトで、安全問題についての産業界のメッセージづくりを手伝ったときのことである。業界の広報の担当者は、この言葉を使いたがった。彼が、この言葉は真実であると強く信じていたからだ。問題は、大衆が彼を全然信じなかったことだ。彼の言葉が強くなればなるほど、その言葉の信頼性は失われていった。簡単に言うと、人々は、業界の人が信じてくれと言ったものは、信じようとはしなかったのだ。もしこれがFDA（米国食品医薬品局）から出されたメッセージだったら、少しはましだっただろうが、やはり疑問は残る（私たちはFDAのこともそれほど信頼してはいないからだ）。このメッセージを伝えたのが企業の広報担当だったために、商品の安全性への信頼は増すどころか、逆に失われてしまったのだ。

11「こちらがあなたにピッタリの商品です」

使う時と場所を間違えると、この言葉ほど信頼を失わせるものはない。「あなたは私のことを知らないのに、どうして私にピッタリのものがわかるのか？」と、大抵の人なら思うだろう。自分は他の人とは違うし、必要としているものも違うと思っている。つまり、私たちは本能的に、枠に当てはめられることを拒絶してしまうのだ。ターゲットとしている市場がどのようなものを望んでいるかを知ることは重要だが、自分の目の前にいる相手を単純に女性だとか、高齢者だとか、ラテン系の人種だとかで、十把ひとからげにカテゴリー分けしてはいけない。もしそんなことをすれば、自分は他人とは違うと考えている人々は、怒って他で同じ商品を買ってしまうだろう。顧客に対して、自社商品についてこう考えるべきだ、と伝えようとする営業マンが多すぎる。それよりも、情報を提供し、一つの見方として自分の考えを伝え、顧客自身に決めさせる方がずっと効果的だ。もし商品があなたの言う通りのものならば､顧客は良い決断を下してくれるはずだ。しかし、もし顧客に自分の考え方を押し付けようとすれば、あなたは拒絶されるだろう。

12「事実としては…」

今の社会で、唯一本当の「事実」があるとすれば、人によって世の中の見方がそれぞれ異なっているということくらいだろうか。ある問題や商品について世界中の人々が同じ意見を持つことは、極めて少ない。

重力が存在する、ということは一つの事実である。水が沸騰する温度が何度かということも、一つの事実である。このような「事実」に基づいて主張するのがよいと考える人が、あまりに多すぎる。しかも、その事実は受け入れられなかったり、別の事実を持ち出され反対意見を述べられたりする可能性もある。統計で裏付けられた「事実」に頼ったとしても、そのことで自分の正しさを主張したり、商品を売ったりすることは、もはや不可能なのだ。

切羽詰まったときの言葉

自分は正しいことを言っているのできっと他の人々にもわかってもらえるはずだと思い、自分の状況を伝えることに必死になっている、というのはよくあることだ。世間や顧客に、自分と同じぐらい状況を知ってもらって、きちんと自分の立場から見た考えを伝えれば、理解してもらえると考えている。しかし大抵の場合、あなたは一方的に話しているだけで相手には伝わっていない。誰もあなたの問題など聞きたくもないし、基本的にはあなたの仕事がどうなろうと興味がないのだ。次に挙げる言葉は、聞き手の立場からではなく、自分の立場から物事を話そうとしているので、失敗する言葉である。

13　**「ご理解いただかなければいけないのは…」**

私たちは、このような言葉を数えきれないほど耳にしてきた。営業マンや企業の広報担当者たちがこの言葉から始める説明は、必ず聞き手とのコミュニケーションを駄目にしてしまう。彼らは、聞き手の世界観を受け入れてその結果に合わせようとはせず、聞き手の考え方を変えようとしているからだ。私は、いつもこう言っている。「あなたたちの聞き手にとって、理解しなければいけないことなど、何一つありません。あなたたちの商品を買わなければならないわけでもないし、あなたたちに賛成する必要もないのですから」と。いわゆる「正しい」考え方を伝えることさえできれば、納得してもらえるはずだといくら頑張ってみたところで、失敗するのがオチである。

14　「私たちのせいではないのです」

あなたも、このような言葉で言い訳をした経験があるはずだ。小さい頃、両親に怒られたとき、別の誰かのせいにしたことがあっただろう。そのときも、うまくはいかなかったはずだ。今日、企業も同じように、「このような状況になってしまったのは法律で決められているからだ」とか、「自分たちにはどうしようもなかった」などと説明をしようとしている。GMが倒産する前がそうだった。BPが、米国史上最悪の石油流出事故を引き起こした爆発事故の責任を、原油採掘施設のオーナーに押し付けようとしたときも同じであった。しかし、いくらそれが本当であったとしても、罪を誰かになすりつけるようなやり方がうまくいった試しがない。まず顧客や一般の人々に対する最終的な責任を受け入れ、それからいかに行動を起こして、同じ間違いを繰り返さないようにするかを伝える方がずっとうまくいくだろう。

15　「これをしないと、我が社が損をしてしまいます」

この言葉には色々なパターンがあるが、結局目的はすべて同じである。自分が言うことに同意してくれないと会社が損をしてしまい、ひいてはそれが顧客の損にもつながるということを、何とか相手に理解させようとしているのだ。「料金を値上げさせてくれないと倒産してしまう」と言う公益法人、「カナダから医薬品を輸入したら米国の医療革新が進まなくなる」と言う製薬会社などだ。自分たちのビジネスにターゲットを絞った税金が導入されたら、もう会社が立ち行かなくなると騒ぐ企業も少なくない。どの場合についても、私が言える言葉は一つだ。あなたの会社がどうなろうと、一般の人々にとってはどうでもよい、ということだ。彼らに関係がある問題だと思わせるように話を持っていかない限り、あなたが泣きごとを言ったところで、信頼を失うだけなのだ。

「これにはわけがあるのです」という類の言葉

不信に満ちた時代においては、無実であるという証明がされない限り、あなたは有罪も同然だ。だから、批評家があなたを悪党だと言えば、人々は深く考えることなくその事実をそのまま受け入れるし、あなたを陥れてやろうとチャンスをうかがってもいる。このような理由で、信頼を失いかねない言葉を三つ紹介しよう。

16 「そういう意味で言ったのではありません」

残念ながら、この言葉を使わざるを得ない状況になった時点で、あなたの負けは確定している。不幸にも、あなたの使った言葉があなたを悪者に仕立て上げるためにうまく利用されてしまうことは、しばしば起こる。しかし、この言葉を使っただけで状況が好転した例は、いまだかつて見たことがない。このような状況に陥った場合に、取るべき選択肢は二つだ。一つは、そのときに自分が言った言葉をありのままに伝え、誰がどの言葉をどうねじ曲げて、メッセージの本来の意図を変えて伝えたかを説明すること。もう一つは、さりげなく別の話題に変えて、即時撤退すること。自分を守るつもりでこの言葉を使ったとしても、「ノーコメント」ほどの効果もない。つまり言う意味がまったくないのだから、この言葉は口にしてはいけない。

17 「かつては賛成していましたが、今となっては反対です」

２００４年の米大統領選挙において、民主党候補のジョン・ケリーが信頼を失った一言が、まさにこの類の発言であった。一貫性の無さというのは、確実に信頼を失わせる効果がある。一度発したメッセージを変えた途端に、あなたは責任を問われ始めるので、あらかじめメッセージをしっかり考えておくことは、特に今日において非常に重要になっている。あなたが考えを変えたという事実は、以前の発言に対する過ちを認めたとも受け取られてしまう。このような状況に陥った場合に取るべき行動は、考えが変わった理由を伝えることだ。一番やってはいけないのは、なんとかその場を逃れようと、自分が矛盾していない理由として怪しげな説明を並べ立てることだ。この失敗を、よく政治家が犯しているのを目にするだろう。これは針に糸を通すほど難しいものであり、ジョン・ケリーもこの失敗を犯してしまったのだ。

18 **「小さな文字の注意書き」**

パンフレットや契約書の、小さな文字の注意書きを誰かに見せてみるといい。彼らは、何かを隠そうとしているのではないか、と疑ってくるだろう。往々にして、小さな文字の注意書きは、何かをごまかそうとしている証拠として捉えられてしまう。そうなると、人々はもうその書類を読もうとはしない。それは顧客を騙そうとする文字の羅列だと考えるからだ。小さな文字は絶対禁止するように、私たちは常々伝えている。その結果、たとえ書類の枚数が増えてもかまわない。小さな文字は信頼を奪うものだからだ。もし小さい文字で記載しなければならない場合には、冒頭に大きな文字で、なぜこの書類の文字は小さいのか、どこを見れば大きい文字で同じ文章が読めるのかを示すべきである。

恐怖心につけこもうとする言葉

19 **「ご家族の安全が心配ではありませんか？」**

このような尋ね方は、売りつけることだけを考えたひっかけの質問である。人々が「いいえ」とは言いにくい心理を突いたものだ。一度、「はい」と答えてしまえば、それを逆手に取って、なぜその商品を買う必要があるのかという話に誘導されることを、人々は既に知っている。この質問をした途端に、相手は守りの態勢に入り、お互いの間に溝ができる。この言葉は恐怖をあおって、商品のことを考えざるを得ない気持ちにさせようとするものでもある。しかし、恐怖をあおる宣伝を何十年にもわたって聞かされてきたので、私たちは脅しの売り込みには耳を閉ざすことを覚えてしまった。だからこそ、リスクについてではなく、チャンスについて話すべきだ。顧客にとって最もポジティブなものに注目し、そのあたりからメッセージをつくればよいだろう。

20「今このチャンスを逃したら、後で後悔しますよ」

人はチャンスが好きだが、脅し文句は嫌いである。人々は既にたくさんの締め切りを抱えているのに、そこへあなたがやって来て、新たな締め切りをつくろうというのだ。確かに、販売と交渉における大切な教えの一つは、切迫感を生み出すことだと言われてきた。しかし、最近の研究の中で、私たちは何かが違うと気付いた。あなたが切迫感を携えて無理に営業をしかけようとすればするほど、信頼は失われてしまうということだ。短期のバーゲン品を宣伝し、締め切りがあることを人々に知らせるのはかまわない。しかし、あなたは彼らの母親ではあるまいし、いつ行動するべきかなんて説教してはいけないのだ。

自分で決めた禁句を使わないようにする

ここで述べた20の禁句は、不信感を感じさせる言葉のリストのすべてではないが、仕事を通して非常によく耳にする言葉の例である。適切な流れの中でこれらの言葉を使う場合、成功することもあるだろう。しかし、ほとんどの場合においては避けた方がよい。百害あって一利なしの言葉は数多くあるが、それらをわざわざ使う必要はまったくない。

これまで述べてきた禁句を見返すと、それぞれの言葉について私の指摘したポイントだけでなく、全体を通じる幅広い共通点を持っていることに気付くだろう。

最も顕著な点は、守れない約束をしているものが多いということだ。そもそも到底できない約束をしているか、相手の期待に応えられていないか、である。

二つ目の点は、顧客の利益よりも自分たちの利益を優先しているというネガティブなイメージを植えつけているというものだ。

三つ目の点は、聞き手に情報を与えるのではなく、彼らから主導権を取り上げてしまう言葉だということなのだ。

次に営業トークを用意するときには、この最後の三つの点をよく考えてもらいたい。そして、信頼を失う新たな法則をつくり出すことがないように、どうか注意してもらいたい。

エピローグ

信頼の時代を築くために

epilogue

信頼の時代を築くために

人類のコミュニケーションの歴史はとても長く、およそ1万年にもなる。この間、数多くの戦争や自然災害、経済危機などを経験してきた。そして21世紀が始まったばかりの今、一体なぜ「信頼を勝ち取る言葉」がこれほど大切になってきているのだろうか。

答えは、現代ならではのいくつかの理由がある。

第一の理由は、何かを売るために人々を説得するという技法が、使われ始めたばかりの新しいものであるからだ。人に何かを買ってもらおうと説得する行動科学の歴史は浅く、人類の歴史からすれば、つい最近出てきたものにすぎない。

第二の理由は、私たちがかつてないほどに、人々や情報とつながっていることだ。一世代前、あるいは数千年前には、私たちは専門家といわれる人々が教えてくれることを信じていた。しかし今では、グーグルやソーシャルネットワークのおかげで、誰もが専門家になってしまった。自分たちの商品が、最高級であるとか、一番だとか言おうとすると、すぐにそれが本当かどうかをインターネットで確認されてしまう時代に生きている。

第三の理由は、これが一番重要なことなのだが、人々はもううんざりしている、ということだ。約束が破られるのを何度も経験してきたし、私たちの疑問に答えるふりをして、商品を売ることしか考えていない営業マンをたくさん見てきた。企業が倒産し、彼らの信頼が失墜するのを数多く見てきた。手堅い投資といわれていた投資手法が、ここ数年で通用しなくなった。その結果、もうたくさんという気持ちになっているのだ。

一方で、いかにお互いがコミュニケーションを取るか、いかに決断を下すか、そしてどのように人を信頼すべきか、といったことに関する心理学を、私たちはかつてないほど学んできた。既に述べてきたように、「商品」を売る時代はもう終わった。「商品」を売りたければ、まず信頼関係を築くことから始めなければならない。長い目で見れば、人々が効果的なコミュニケーションをはぐくむ未来を築くために、信頼こそが最も大切なことは明らかである。

近年の心理学の最大の成果の一つは、「認知行動理論」だ。それは、自分に言い聞かせていると、それが自然と行動に移るということである。「認知行動理論」によって、ただ私たちが日常使う言葉を分析するだけで、心の病気の治療に大きな進歩が得られることがわかった。つまり、人々は、自分自身に語りかけるメッセージを少しずつ変えていくことで、悲しみや深い落ち込みから救われるのだ。

人々は言葉が社会を変える力を持つことに既に気付き始めている。最近は、その言葉に信頼性があるかないかを数字で示せるようになっている。これによって、営業マンが商品を売る際に使う言葉の使い方に微妙な変化が現れたり、ときには会社が潰れてしまうほどの大きな変化が、時代と共に現われてきた。いずれにしろ、人を説得する時代が終わりを告げたという動かしようのない事実に、多くの人々は気付き始めている。

やがて、日常的にも、信頼される言葉を使い始める人が増えていくだろう。もし人に商品を売り、影響を及ぼしたいと思うのであればなおさら、信頼される言葉を使うべきなのだ。使う言葉を変えることで、相手から搾取しようとしてきたこれまでの社会から、相手の役に立つ情報を提供する社会へと、社会そのものを変えていくこともできる。そこで成功するのは、一番声が大きな人々ではなく、一番信頼される人々である。

ただし、このような社会の変化には、いくつかの副作用が伴う。一つ例を挙げるとすると、毎日のように届く迷惑メールについてだ。あなたは迷惑メールを一日どのくらい受け取るだろうか。迷惑メールは文字通り本当に迷惑な存在だが、世の中の風潮をこれほどよく表しているものはない。迷惑メールを送りつけてくる業者は、たった数人からの返事を得るために、数百万という人にメールを送りつける。私たちはそれをフィルターにかけ、「迷惑メール」のボックスに入れ、いつも通りの生活を送っている。迷惑メールは、金目当ての誇大広告がたどる運命を表しており、従来のやり方を通そうとする人々がたどる未来の予兆なのだ。

もう一つの副作用は、あなたが自分の商品を誰かに売ることとは、実は世界中の人々にその商品を売ることと同じだということだ。どれほど多くの人々が、商品を購入する前に、インターネットでチェックしていることか。ほとんどの人々が、商品を買うべきかどうか決めるために、オンライン上の無数の人々の意見を参考にしている。あまり商品を買わない人でさえも、あなたの会社のマーケティング部に匹敵する発言力を持っているのだ。

しかし、最も重要な（いい意味での）副作用は、言葉の使い方次第で、信頼が失われた時代から抜け出せることだろう。信頼を求める社会では、正直さと誠実さが評価される。このような価値観を持つことで、私たちは、人々に自分の商品を売り、影響を及ぼしたいという願望を、敬意を持って人とかかわりたいという気持ちに変えることができる。「信頼を勝ち取る言葉」は、私たちが成功するための新しい方法ではなく、私たちがお互いに何を語り合うかについての新たな時代の鍵のようなものなのだ。

>>>大切なのはあなた――そして私

本書は、コミュニケーションの技術について書かれた本である。しかし実際は、社会における大きな変化について述べたものでもある。

世界は、一世代前とはすっかり変わってしまった。本書を書いた四人の著者は、一番強いものが勝ち残るという競合社会の中で育ってきた。しかし今は、お互いに助け合いながら生きていく共生の時代であり、私たちの利益も運命も互いにつながっている。

だから、これまでとは違う視点から人に接しなければ、成功はできないであろう。利用できるものは何でも利用し、今すぐ買わなければならないと嘘をつき、あらゆる犠牲を払って商品を売り、そのあとは慌てて雲隠れするというやり方は、もはや通用しないのだ。そんなことをすれば、世の中の人々が黙っていない。一度失った信頼は、二度と取り戻すことはできないのだ。

その一方で、どんなときでも一番大切にしなければならない価値観が生まれている。それは、正直に振る舞い、相手に共感を持ち、理解するようにつとめることだ。これらは、未来につながる信頼関係を築くものであり、あなたが信頼に足る人物であると示すものであり、そして何より大事なのは、私たちが人間であることを証明するものである。

これから先、不信に満ちた時代は、誠実かつ新しいコミュニケーション手法を生み出していくだろうか。そしてそのコミュニケーションによって、より良い人間関係をつくり上げていくことができるだろうか。平和と地球規模の対話の役に立つだろうか。

私は、そうなると信じている。「信頼を勝ち取る言葉」を使う読者の皆様が、この新たな時代のリーダーになると信じている。もちろん、本書を手に取る読者がこの新しいコミュニケーション手法を用いて活躍することを期待している。ようこそ、素晴らしい新世界へ。

訳・監修者あとがき

訳・監修にあたったインベスコ・コミュニケーション・アカデミーのメンバーは、米国アトランタに本拠地を構え、世界20カ国以上に展開する世界最大級の独立系資産運用会社インベスコ・リミテッドの日本法人であるインベスコ・アセット・マネジメント株式会社に属しています。日本での発行にあたっては、日経BPコンサルティング社の協力を得ながら、翻訳表現の確認・監修作業を繰り返し行うことで発行するに至りました。

言葉を扱った本のため、メンバー全員で何度も何度も推敲を重ね、翻訳作業とその検証、監修に多くの時間を割き、本書を日本において出版できるようになったことに大変大きな喜びを感じています。

インベスコ・リミテッドは、米国を本籍地とする独立系資産運用会社として、さまざまな運用商品を提供している会社です。インベスコは、運用商品の直接販売を行っていませんが、複雑な運用商品を銀行や証券会社などを通じて効率的に販売いただくために、インベスコ・コンサルティングという、販売会社や独立系の資産運用アドバイザー向けに研修プログラムを提供するコンサルティング・チームを擁し、毎年全米で数千名の金融関係者に研修を行っています。

日本法人であるインベスコ・アセット・マネジメント株式会社は、日本に事務所を開設以来、

２０１３年に30周年を迎えました。２００８年以降、経済環境、投資環境が大きく変わった今、日本における「セールス」の形にも大きな変化がおとずれています。従来の「セールス」ではお客様がもう振り向いてくれない時代が来たのです。新しい潮流に対する答えの一つとして、インベスコ・コンサルティング・チームがかかわった原書「THE LANGUAGE of TRUST」の翻訳版を日本において出版することといたしました。

金融機関の方々とお話しすると、説明責任が強く求められる傾向がここ数年高まってきていることから、金融商品の販売がより難しい局面を迎えているということをよくお聞きします。そうした厳しい環境に置かれている金融機関で働く皆様が、よりお客様志向でのコミュニケーションに重点を置き、結果として、金融商品の理解を深めたいと考えている投資家の皆様に役立つ環境をつくることに本書が貢献できることを願ってやみません。

また、「日本語版刊行にあたって」にも書いたように、相手の興味関心を引き、信頼を勝ち取るようなコミュニケーションを必要とするすべての人々に本書が役立つことを願っています。

最後に、ここまで読んでくださった本書の読者と本書の出版に関係くださった多くの方々に感謝の念をささげたいと思います。

インベスコ・コミュニケーション・アカデミー　一同

原注

1 "Starr Report: Narrative." Nature of President Clinton's Relationship with Monica Lewinsky. Washington, DC: U.S. Government Printing Office, May 19, 2004, http://icreport.access.gpo.gov/report/6narrit.htm#N_1091. Citing Grand Jury Testimony of President William J. Clinton, August 17, 1998, at 59–61.

2 NAVA, "NAVA Reports Q3 2008 Variable Annuity Industry Data," December 12, 2008, www.navanet.org/pressroom/article/id/39.

3 Clay Shirky, "The Failure of #amazonfail," April 15, 2009, www.shirky.com/weblog/2009/04/the-failure-of-amazonfail.

4 Al Tompkins, "Monday Edition: Pain Reliever Warning," PoynterOnline (blog), August 29, 2004, http://poynteronline.org:80/dg.lts/id.2/aid.70592/ column.htm.

5 Akio Toyoda, "Toyota's Plan to Repair Its Public Image," *Washington Post*, February 9, 2010, www.washingtonpost.com/wp-dyn/content/article/2010/02/08/ AR2010020803078.html.

6 JetBlue, "An Apology from David Neeleman," www.jetblue.com/about/ourcompany/apology/index.html.

7 Conservation International, from "CI's Vision," www.conservation.org/discover/mission_strategy/pages/mission.aspx.

8 Kevin Cullen, "A Head with a Heart," *Boston Globe*, March 12, 2009; Paul Levy, "Running a Hospital," http://runningahospital.blogspot.com.

9 As president of MarketResearch.com in 1999, I was responsible for coming up with phrases like that to make our new site sound like it was both established and credible. We thought it worked back then but would not recommend that direction today.

10 P. C. Gordon, R. Hendrick, and W. H. Levine, "Memory-Load Interference in Syntactic Processing," *Psychological Science* 13 (5): September 2002.

11 Neil Postman, *Amusing Ourselves to Death: Public Discourse in the Age of Show Business*. New York: Penguin, 1985.

12 Michael D. Shear, "McCain Plans Fiercer Strategy Against Obama," *Washington Post*, October 4, 2008; W. H. Chang, J. Park, and S. W. Shim, "Effectiveness of Negative Political Advertising," *Web Journal of Mass Communication Research* 2 (1): December 1998, www.scripps.ohiou.edu/wjmcr/vol02/2-1a.htm.

13 Anastasia Meredith Oh, “Which Is Better, Coca-Cola or Pepsi?" Associated Content, August 26, 2008, www.associatedcontent.com/article/984476/which_is_better_coca_cola_or_pepsi.html?cat=35.

14 “Cut Out the Liver," *Time*, April 16, 1951; “Diet Pill Makers Fined Millions for False Claims," Associated Press, January 4, 2007.

15 Rudy Giuliani Television Ad “Tested," posted November 14, 2007, www.youtube.com/watch?v=FdjcF6hQ1O4&feature=channel.

16 American Psychological Association, “People Sometimes Seek the Truth, but Most Prefer Like-Minded Views," July 1, 2009, www.apa.org/news/ press/releases/2009/07/like-minded.aspx.

17 The Pew Research Center for the People and the Press, “In general, would you describe your political views as . . . very conservative, conservative, moderate, liberal, or very liberal?" Conducted by Princeton Survey Research Associates International, February 4–8, 2009, and based on 1,303 telephone interviews, http://people-press.org/questions/?qid=1746970&pid=51&ccid=51#top.

18 The American Presidency Project, Second Bush–Dukakis Presidential Debate, October 13, 1988, Los Angeles, CA, www.presidency.ucsb.edu/showdebate.php?debateid=14.

19 Adele Westbrook and Oscar Ratti, *Aikido and the Dynamic Sphere*. Tokyo: Charles E. Tuttle Company, 1970, pp. 16–96.

20 Al Canata, “Chevron Says, ‘Don't Buy Our Product,' " OpenMarket.org, October 24, 2008, www.openmarket.org/2008/10/24/chevron-says-dont-buy-our-product; Anheuser-Busch, “Corporate Social Responsibility," www.beeresponsible.com.

21 Luke 6:29, New American Standard Bible, Anaheim, CA: Foundation Publications, 1995.

22 The Perfect Apology, “Perfect Apology Business Cases," www.perfectapology.com/apology-business.html.

23 Todd Deferen, “Social Media on Main Street," PRsquared (blog), April 6, 2009, www.pr-squared.com/index.php/2009/04/social-media-on-main-street; Andy Beal, “Motrin Faces Twitter Headache over New Video Campaign," Marketing Pilgrim (blog), November 16, 2008, www.marketingpilgrim.com/2008/11/motrin-faces-twitter-headache-over-new-video-campaign .html.

[著者紹介]

マイケル・マスランスキー（Michael Maslansky）

米国を代表する屈指のコミュニケーションおよびリサーチの専門家の一人。マスランスキー＋パートナーズ（Maslansky+Partners）のCEOであり、大手企業や業界団体、非営利団体あるいは訴訟を抱える団体に対して、伝えたいメッセージの中から何を言い、どのように表現するべきかを、コンサルタントとしてアドバイスしている。顧客は、ペプシコ、イーベイ、ファイザー、スターバックス、バンクオブアメリカ、そしてマイクロソフトなどの全米の優良企業をはじめ、医療、金融、バイオテクノロジーなどの主要業界団体まで広範囲にわたる。彼の会社が得意とする世論調査やフォーカス・グループ法を用いた調査を活用し、世界20カ国以上で数百件もの研究プロジェクトを実施。ニューヨーク・タイムズ、ワシントン・ポスト、ニューヨーカー、60ミニッツ、ナイトライン、PBSのフロントラインなどから絶賛されている。またCNNにはコメンテーターとして頻繁に登場し、その他MSNBCやBBCワールド・ニュース、アルジャジーラ他世界各地の報道機関にも出演している。

スコット・ウェスト（Scott West）

世界最大級の独立系資産運用会社インベスコ・リミテッドにおいて、金融機関の販売員や個人向け金融アドバイザーなどを対象にコンサルティング・プログラムを提供するインベスコ・コンサルティング（Invesco Consulting）の代表。米国で個人向け金融サービスを提供する人々に対して、創造的なマーケティング戦略を提供することでよく知られている。共著書として、Storyselling for Financial Advisors（Kaplan出版、2000年）、The Financial Professional's StoryBook（Kaplan出版、2004年）、Your Client's Story（Kaplan出版、2005年）がある。

ゲイリー・デモス（Gary DeMoss）

インベスコ・コンサルティングのマネージング・ディレクター。米国において、コンサルティング・プログラムを通じ、数多くの金融機関に所属する営業マンや金融アドバイザーに顧客応対および人間関係構築のスキルを提供。金融商品販売のプロとして用いるべき「セールス手法」、「付加価値の提供」、そして「人格尊重の姿勢」を伝えている。共著者として多くの著書もあり、代表的なものにMaking the Client Connection（Kaplan出版、2004年）、Coaching the Sale（Sourcebooks出版、2006年）、The Top Performer's Guide to Attitude（Sourcebooks出版、2008年）がある。

デイビッド・セイラー（David Saylor）

インベスコ・コンサルティングのエグゼクティブ・ディレクター。インベスコ・コンサルティングが提供する研修プログラムの開発業務担当。ベビーブーマー世代や高齢の投資家を対象にストーリーセリング（StorySelling）、ランゲージウェイブ（LanguAGEwave）、フィナティカル・キュリオシティー（Finatical Curiosity）といった付加価値のある販売促進プログラムやプレゼンテーション法の考案で最もよく知られている。著書として、スコット・ウェストとの共著によるThe Financial Professional's StoryBook（Kaplan出版、2004年）やGet Inspired to Retire（Kaplan出版、2006年)がある。

全米消費者調査で見えた！

信頼を勝ち取る言葉

2014年10月6日　初版第1刷発行
2021年1月18日　初版第3刷発行

著者　マイケル・マスランスキー
共著　スコット・ウェスト／ゲイリー・デモス／デイビッド・セイラー
訳・監修　インベスコ・コミュニケーション・アカデミー

発行者　寺山 正一

発行　日経BPコンサルティング（http://consult.nikkeibp.co.jp/）
発売　日経BPマーケティング
〒105-8308　東京都港区虎ノ門4-3-12
http://ec.nikkeibp.co.jp/

装丁　中島 隆夫（アート オブ ノイズ）
印刷・製本　図書印刷

ISBN978-4-86443-068-5
Printed in Japan